愛知大学東亜同文書院大学記念センター叢書

近代日中関係史の中の
アジア主義

東亜同文会・東亜同文書院を中心に

馬場 毅［編］

あるむ

目　次

序　説 …………………………………………………… 馬場　毅　5

第1章　日本と「興亜」の間
　　　　──近衛篤麿と東亜同文会の「支那保全」を巡って ………… 栗田尚弥

　はじめに　17
　1　「支那分割」論の隆盛と世論の驕慢化　19
　2　近衛篤麿の「同人種同盟」論と東亜同文会の設立　22
　3　義和団事件（北清事変）と「支那保全」決議　30
　4　〈文化重点主義〉的「興亜」団体から体制内的「興亜」団体へ　39
　5　〈領土保全〉体制下の東亜同文会　44
　6　日本と「興亜」の狭間で──むすびにかえて　47

第2章　東亜同文会のアジア主義について …………………… 馬場　毅

　はじめに　53
　1　義和団事件期における連邦保全論　55
　2　東亜同文会の事業　59
　3　中国保全論の削除　61
　4　辛亥革命直後の南北分割論　62
　5　満蒙独立論と中国保全論の再提起　65
　6　日中同盟論　66
　7　21カ条要求と袁世凱の帝政運動　68
　8　「対支意見書」と日中同盟論　69
　9　日中共存論　75
　おわりに　76

第3章　宮崎滔天と孫文の広州非常政府における対日外交
　　　　――何天炯より宮崎滔天への書簡を中心に
　　　　　　……………………………………………… 李　　長莉（佃隆一郎訳）

　　はじめに　81
　　1　何天炯と宮崎滔天　82
　　2　孫文政権及び対日外交への関心　84
　　3　孫文との面会と「民間外交使節」　88
　　4　結　語　96

第4章　孫文支援者・山田純三郎の革命派への関与とその実態について
　　　　――1920年代、革命派の広東省の資源開発を目指す動きを中心に
　　　　　　……………………………………………………… 武井義和

　　はじめに　99
　　1　翁源水電開発計画　101
　　2　含油頁岩開発計画　105
　　おわりに　110

第5章　東亜同文書院中の台湾籍学生と林如堉、呉逸民両人の
　　　　戦後の白色テロ体験 ……………………… 許雪姫（朝田紀子訳）

　　はじめに　113
　　1　先行研究と関連資料　115
　　2　同文書院の台湾人学生　118
　　3　白色テロ事件で災難に遭った同文書院の学生
　　　　――林如堉、呉逸民　124
　　4　結　論　131

第6章　東亜同文書院の「復活」問題と霞山会 ……………… 堀田幸裕

　　はじめに　133
　　1　東亜同文会の解散と東亜同文書院大学の閉校　134
　　2　霞山倶楽部の設立と初期の事業内容　136
　　3　霞山ビルの竣工と事業基盤の安定化　143
　　4　東亜学院設立と内外の政治情勢の波及　146
　　5　貿易大学との連携構想とその挫折　155

おわりに　160

あとがき……………………………………………………………163

索　引………………………………………………………………167

序　説

馬場　毅

　本書は、2012年度から2016年度にかけて愛知大学東亜同文書院大学記念センターで、文部科学省私立大学戦略的研究基盤形成支援事業として「東亜同文書院を軸とした近代日中関係史の新たな構築」を主テーマとして行われた共同研究の中の「近代日中関係の再検討」グループの研究成果であり、東亜同文会、卒業生を含む東亜同文書院関係者とアジア主義とのかかわり、ならびに戦後体制の中でのそれらの変容について述べたものである。

　最初にアジア主義を、竹内好の定義[1]を参考にしつつ（竹内自身は『アジア歴史事典』の野原四郎の定義[2]を参考にしているが）、西洋の侵略に対して、日本が盟主となり、アジアは連合してそれに対抗していこうという思想、および運動として定義する。

　1895年、日清戦争後の敗北により清国が西洋列強により分割される危機を迎えた時（この時、日本も台湾を領有したが、遼東半島を露独仏の三国干渉により清国に返還せざるを得ず、列強と対等の一員としての地位を占めてはいなかった）、東亜会（池辺吉太郎［三山］、陸実［羯南］、三宅雄二郎［雪嶺］、井上雅二、犬養毅、江藤新作、平山周、宮崎寅蔵［滔天］などの雑誌『日本人』系のジャーナリスト、進歩党系の政治家、大陸浪人、学生などが参加）と同文会（岸田吟香、宗方小太郎、中西正樹、井出三郎、大内暢三、長岡護美、谷干城、柏原文太郎などの荒尾精が設立した漢口楽善堂や日清貿易研究所参加者や近衛篤麿のような貴族院議員などが参加）が1898年11月に合併してできた東亜同文会（近衛篤麿会長、陸実［羯南］

1　竹内好「アジア主義の展望」（編集・解説竹内好『アジア主義』筑摩書房、1963年）9頁。
2　野原四郎「大アジア」（『アジア歴史事典』第6巻、平凡社、1960年）6頁。

幹事長）が成立した³。

　その発会決議として「支那を保全す」「支那の改善を助成す」「支那の時事を討究し実行を期す」「国論を喚起す」を掲げた⁴。その後、東亜同文会幹事会は、1899 年 8 月以後朝鮮での事業開始を決定し、それとともに、発会決議の 2 項目と 3 項目に朝鮮が加えられ、「支那を保全す」「支那及び朝鮮の改善を助成す」「支那朝鮮の時事を討究し実行を期す」「国論を喚起す」となった⁵。

　すなわち東アジアの中国および朝鮮を対象にして、中国（清国）の領土保全、中国および朝鮮の改革の援助、中国および朝鮮の時事の調査研究とその実行、日本国内の世論への働きかけを内容としていた。このように西洋列強のアジア侵略、とりわけ中国侵略に対抗して、日本が中心となり日中両国および朝鮮は連携して対抗していこうということを掲げ（ただし朝鮮の問題については、後に 1905 年韓国統監府の設置以後、学校経営などの事業も統監府に委譲し⁶、事業は中国に収斂した）、アジア主義的性格が濃厚であった。また東亜同文会の経営した東亜同文書院の興学要旨に「中外ノ実学ヲ講ジテ、中日ノ英才ヲ教エ、一ツハ以ツテ中国富強ノ基ヲ樹テ、一ツハ以ツテ中日揖協ノ根ヲ固ム。期スルトコロハ中国ヲ保全シ、東亜久安ノ策ヲ定メ、宇内永和ノ計ヲタツルニアリ」⁷と、その人材育成の目的に、西洋列強の侵略に対抗することを前提として、中国の富強と中日の協力の基盤の形成、その上で中国の保全、世界永遠の平和の策を立てることなどと述べ、ここでもアジア主義的性格が濃厚な人材育成を方針として掲げた。とりわけ東亜同文会も東亜同文書院も中国の領土保全を、その目的に掲げていた。

3　東亜文化研究所編『東亜同文会史』霞山会、1988 年、30-33 頁、藤田佳久『日中に懸ける東亜同文書院の群像』中日新聞社、2012 年、47-50 頁、その他、藤谷浩悦『戊戌政変の衝撃と日本──日中聯盟論の模索と展開』（研文出版、2015 年）の第 5 章、第 6 章は、東亜会、同文会、東亜同文会の設立およびこれらの組織と中国の変法派との関係について詳しい。

4　「東亜同文会主意書」（『東亜時論』1898 年 12 月、ただし前掲、東亜文化研究所編『東亜同文会史』所収による）266 頁。

5　翟新『東亜同文会と中国──近代日本における対外理念とその実践』慶應義塾大学出版会、2001 年、8 頁。

6　「本会記事」（『東亜同文会報告』第 103 回、1908 年 6 月）63 頁。

7　今泉潤太郎「東亜同文書院『興学要旨』『立教綱領』を読む」（『愛知大学東亜同文書院大学記念センター　オープン・リサーチ・センター年報』2008 年度版 3 号）222 頁。

ところで設立された東亜同文会は、中国の改革援助の問題については、旧東亜会系の会員が多く関与していた康有為らの改革運動、ならびに孫文らの革命運動の支援について、清朝政府との関係を考慮する会長近衛篤麿の意向もあり一線を画した[8]（会員の中には、義和団運動期に個人としてこれらの運動を援助した者もいた）。そしてその事業の中心を教育事業、とりわけ日中の人材養成におき、1900年に設立した南京同文書院には、日本人だけではなく少数ながら中国人もおり、また1901年に南京同文書院の後継として日本人向けに上海に東亜同文書院を設置し、一方来日した中国人留学生向け教育は1899年に設置した東京同文書院が担った[9]。その他に中国や朝鮮での日本語学校の開設や関連する学校への援助、教師の派遣を行った。

　その他に事業として国内の世論喚起のために、『東亜時論』を創刊し、また中国国内の上海、漢口、福州、広州、北京などに支部、あるいは駐在所を設け、時事の調査研究をし、中国の改革派との連携などを行った。さらに、中国での世論喚起のために『閩報』『同文滬報』などの中国語新聞、中国語雑誌『亜東時報』の経営、あるいは補助を行った[10]。

　以下アジア主義との関連をさせるか、あるいはアジア主義との関連の説明を加えて本書所収の論文の要旨を紹介する。

　第1章　栗田尚弥「日本と「興亜」の間——近衛篤麿と東亜同文会の「支那保全」を巡って」は、初代会長の近衛篤麿の思想及び行動、さらに東亜同文会の性格について「支那保全」との関係を中心にしながら分析している。まず興亜論を、西力東漸の勢いに対抗するために、アジアの近隣諸国、諸民族（特に中国、朝鮮）と連帯し、アジアを回復、復興し、その中で日本の独立を維持し、アジアの一員として西欧列強に対峙する思想と定義したうえで、近衛篤麿が日清戦争勝利後の世論の驕慢化と「支那分割」論の隆盛に対して、白人列強に対抗するために、同人種同盟論の立場からこれに反対し、「支那保全」を主張したとする。1898年11月東亜会と同文会が

8　前掲、東亜文化研究所編『東亜同文会史』33頁。
9　大学史編纂委員会編『東亜同文書院大学史——創立八十周年記念誌』滬友会、1982年、76-77, 79-80, 82-84頁。
10　前掲、翟新『東亜同文会と中国——近代日本における対外理念とその実践』9頁。

合併して東亜同文会が成立するが、初期の東亜同文会は中国の政治に関与することなく〈文化事業重点主義〉の方針を採ったとする。それ故義和団事件期に、孫文が行った恵州蜂起に旧東亜会会員の一部が行おうとした南京同文書院の教職員や学生への動員を阻止し、また根津一の唱えた連邦保全策は「支那保全策」に帰せられるものとする。そして1900年7月、第2次門戸開放宣言が経済的な機会均等のみならず、中国の領土保全を表明し、日本もそれを承認し、その後東亜同文会は、内部の意見の対立を経て、8月、「支那保全」の宣言案を出したとする。一方、義和団事件終結後も満洲から撤退しないロシアに対して、近衛らは1900年9月「国民同盟会」を結成し、「支那保全」の立場から、ロシアの「支那分割」の動きに反対し、さらにロシアに対抗するために、朝鮮に対しての韓国政府との平等な立場による攻守同盟、「満洲」に対しての列国への門戸開放、日英同盟の支持を唱え、その現実主義により白人列強の国家の力を借りることも主張したとする。

その上で、東亜同文書院は情報収集・分析機関として拡充し、「国家経営の事」に関与しながら、「支那保全」を実現しようと体制内「興亜」団体として変質を遂げたとする。1904年1月に近衛篤麿が死去するが、1905年の日露戦争終結後から1915年の21カ条要求までは、列強は〈領土保全〉体制下で、中国への経済進出を進めたが、東亜同文会は政府に協力しながらも、興亜団体としての性格を持ち、日中関係は1895年から1905年までの黄金の10年間（ダグラス・レイノルズの説）に次ぐ第2の黄金の10年間であったとする。

第2章　馬場毅「東亜同文会のアジア主義について」は、アジア主義的性格の東亜同文会がその綱領に掲げた「支那を保全す＝中国の領土保全」の理念が、その後の東亜同文会の実際の活動の中で、どのように変化していくかを分析したものである。

その「支那の保全」は、初期の義和団事件の時、東亜同文会の首脳部が行おうとした北方の清朝に対して、南方の総督を独立させそれらにより連邦を樹立させ、それがやがて中国を統一し、日本はそれを保護国にするという「連邦保全論」のように、欧米の中国分割に反対しながら日本の影響力や権益を拡大するという性格が強いとする。その点では辛亥革命期、参

謀本部第2部長の宇都宮太郎およびそれに呼応した東亜同文会幹事長の根津一が行おうとした中国を北方の清国と南方の革命派による共和国にし、日本はそれらを保護国と同盟国にし満洲問題を解決するという南北分割論も同様である。そしてこのような「中国分割」の行動を中止した後に、「支那の保全」の表明を繰り返しているとする。

ただし義和団期以後、辛亥革命までの時期は、「支那の保全」のもとで清朝、とりわけ中国の南方の総督との関係が密接で、そのもとで教育事業などの事業を展開し、また1909年に、中国側への融和策のために、一時的に「支那の保全」の文言を削除したとする。このように東亜同文会およびその関係者が積極的に中国の政治に関与しようとしたのは、義和団事件期と辛亥革命期の動乱期に限られており、それ以外の時期は中国の政治に関することに距離を置いたとする。

そして第一次世界大戦の勃発によるヨーロッパ列強の中国分割の可能性の現実的な減少とともに、日本が中国への積極的な権益拡大を狙い、「支那の保全」を一歩進めた「日中同盟論」の提起や東亜同文会としての21カ条要求賛成論が出てきたとする。そして1917年に東亜同文会の一部は、「対支意見書」を出し、中国との実質的な軍事同盟を結んだうえで、経済的投資を中心とする経済的同盟、さらには精神的連盟を提案したが、その後第一次世界大戦の終結前後、また「支那の保全」を前提としての経済的相互関係を基軸とする「日中共存論」に転換していったとする。

ただ他面に於いて東亜同文会の事業、例えば中国人向けのものに限定しても、中国人留学生向けの東京同文書院は中国の近代化のための人材養成を果たしたし（短期間であったがベトナムの独立運動家を養成しようとした）、また教習の派遣など中国の教育の近代化のための行動を行った。この点ではアジア（とりわけ中国）と連帯し、アジアの発展に尽くすという役割を果たした。

このような二面を持ちつつ、日中戦争期からアジア太平洋戦争期（この時期になると第一の側面が大となっていったが）まで東亜同文会のアジア主義は引き継がれていったとする。

次に孫文の革命運動の支援者として有名な宮崎滔天であるが、彼の思想は、ヨーロッパ列強のアジア侵略に対して、民権論の立場に立ちながら、

中国で革命を起こし、各国で社会的変革を起こし、既存の国際的システムを変更しようとするが、日本が盟主という発想はなかったといわれる[11]。彼は東亜会に参加し、その後東亜同文会にも参加した。ただし1900年の義和団事件の時、東亜同文会首脳部の反対を押し切って、孫文の発動した恵州蜂起を福本誠、平山周、内田良平、山田良政らとともに推進しようとした。その後も宮崎滔天は、1905年の中国同盟会創立に尽力し、1906年に革命評論社創立に参加し、1911年、辛亥革命勃発前に起きた広州黄花崗の役には、武器密輸に奔走するなど孫文の革命活動支援を継続していったが、東亜同文会は清朝との関係が密接であるため、その活動は東亜同文会とは無関係で行われた。

第3章 李長莉「宮崎滔天と孫文の広州非常政府における対日外交──何天炯より宮崎滔天への書簡を中心に」は、史料として何天炯より宮崎滔天へ宛てた書簡を中心にして用い、1920年10月の陳炯明軍の広州占領後、11月、広州に帰還し軍政府を掌握した孫文が、何天炯および宮崎滔天、萱野長知を通じて、日本政府の支持ならびに承認を求めて行った外交活動を述べている。その中で孫文は最初、何天炯を日本に派遣して外交活動を行わせようとしたが、何天炯自身は早すぎる訪日は、日本政府の軽侮を招くとして同意せず、その代わりに孫文は何天炯を通じて1921年3月、宮崎滔天、萱野長知を広州に招聘し、彼らに軍政府に代わって日本の政財界への期待を伝達し、日本での民間外交を展開してもらうようにしたとする。帰国後、宮崎は日本政府へ向けての外交・社会世論の面で活動を続け、広州政権のために遊説をし、一方広州では、1921年4月に孫文は中華民国非常大総統に当選し、5月には、軍政府を廃止し正式に非常大総統に就任し、北京政府は非合法であると布告した。しかしながら直後の6月から7月にかけて、日本の汽船「小川丸」が広州政権に敵対する広西派軍閥に武器援助を行っていたことが知られ、広州では抗議と日本製品ボイコットの運動が起きた。これを契機に孫文の対日外交姿勢も変化し、悲観的なものとなり、何天炯の日本派遣が延び延びになり、ソ連や米国に近づいていったとする。1922年6月、陳炯明が大総統府を攻撃し、孫文や何天炯は広

---

11 嵯峨隆『アジア主義と近代日中の思想的交錯』慶應義塾大学出版会、2016年、69頁。

州を逃げ出し、革命運動は挫折した。宮崎滔天は1922年冬（12月）に亡くなったが、何天炯は宮崎の死を知った時、宮崎は日本当局の圧制を恐れず生涯をかけて中国革命を支持し、「連華興亜」の理想のために力を尽くしたと評価したとする。

　山田純三郎は、1900年の恵州蜂起に参加し犠牲となった山田良政の弟であり、1900年南京同文書院に入学し、1901年に院長根津一の配慮により東亜同文書院事務員兼助教授となり、1907年に教授となったが、その後それを辞し満鉄に入社した。彼が孫文の指導する革命の支援者として活動するのは辛亥革命期以後であり、その後孫文の革命を支援し続け、1925年3月、孫文が北京で亡くなった時にも、病室に立ち会った[12]。ただ彼は宮崎滔天以上に自分の思想を語ることがなく、彼の中国革命支援の思想的な背景は不明である。彼には日本が盟主となるという意識は希薄であるが、以下の武井論文によれば西洋の侵略を受けている中国を孫文が革命を起こしてそれに対抗しようということを支援したアジア主義者であるとする。なお彼による孫文の革命運動支援は、中華民国成立以後、東亜同文会と孫文に対立していた北京政府との関係が比較的良かったこともあり、東亜同文会の活動とは無関係に行われた。

　第4章　武井義和「孫文支援者・山田純三郎の革命派への関与とその実態について──1920年代、革命派の広東省の資源開発を目指す動きを中心に」は、孫文が広東を基盤に組織していた1921年の第2次広東軍政府、中華民国非常大総統政府、1923年以後の陸海軍大元帥大本営時代にかけて、革命派（中国国民党）が資源開発による政府の財政基盤確立を目指して、日本からの投資と技師派遣により行おうとした広東省の翁源水電開発計画および含油頁岩の開発計画と山田純三郎の役割を分析したものである。翁源水電開発計画については、彼は1921年9月に水電に関する利権を獲得し、また広東実業開発を目的とした「中日組合」に参加していた実業家桜井兵五郎が投資交渉に広東に赴いたこともあったが結実せず、その後陸海軍大元帥大本営時代、孫文の委託を受けて、翁源水電開発計画と含

12　馬場毅「孫文と山田兄弟」（『愛知大学国際問題研究所紀要』第126号、2005年10月）101-103頁。武井義和『孫文を支えた日本人──山田良政・純三郎兄弟［増補改訂版］』あるむ、2014年、40-42頁。

油頁岩開発計画に日本から投資を呼び込もうとして、後藤新平や渋沢栄一などに働きかけたが、治安上の問題などのリスクにより翁源水電開発計画への投資は成果をあげられなかったが、含油頁岩開発計画は、広東政府と日本石油との間で、山田が仮契約草案を作成する段階まで来たが、孫文が1925年3月に死去したため立ち消えになったとする。山田純三郎は、孫文ら革命派の信頼厚く、対日交渉を委任され、自己の利益よりも日中関係を優先する立場から日中の平等な立場で孫文らの革命派の切望する資源開発を行ったとする。

　その後1931年の満洲事変の開始、1932年の満洲国の「独立」をめぐって、1933年3月、日本は国際連盟を正式に脱退し、米英主導の国際秩序であるベルサイユ・ワシントン体制を離脱した。国内では、同月、松井石根が近衛文麿とともに、民族運動団体である大亜細亜協会を樹立し、国際連盟に代わる大亜細亜連合を目指すとし、日本の中国侵略の進行に伴い、大アジア主義が唱えられた。なおこの組織には、根岸佶、中山優など東亜同文会、東亜同文書院関係者（卒業生を含む）も参加した。また近衛文麿のブレーン集団として昭和研究会が、当時の知識人を結集して1936年11月に成立した。日中戦争開始後、1938年11月に第1次近衛文麿（1936年以来東亜同文会会長でもあったが、多忙なため人事案件などの重要な案件の時以外通常業務に参加しなかった[13]）内閣によって出された東亜新秩序声明（これは中山優が草案を書いたといわれる）は、米英主導の国際秩序であるベルサイユ・ワシントン体制を離脱した日本による「日満支」三国連携しての国際秩序樹立宣言であり、同時にはじめて日本政府がアジア主義を政府の文書に入れたものであるが、アジア主義が政府のイデオロギー化したものともいえる。それに呼応して昭和研究会により東亜協同体論が提起され、さらに新体制運動が主張された。さらに政府の大東亜共栄圏の提起により含まれる地域が拡大していき、政府レベルでの大アジア主義の提起となるが、公式に大東亜共栄圏の用語を使用したのは、第2次近衛内閣の松岡洋右外相の1940年8月1日の発言であった。そこでは広く蘭印（現

13　大島隆雄「東亜同文書院大学から愛知大学への発展──単なる継承か、それとも質的発展か」
　　（前掲『愛知大学東亜同文書院大学記念センター　オープン・リサーチ・センター年報』3号）
　　302頁。

在のインドネシアの地域)、仏印(フランス領インドシナ)などの南方諸地域も包含するとも述べた[14]。

　日本の敗戦後、アメリカ軍を主体とするGHQの統治下で、平和憲法の作成、日本の民主化が行われ、日本国内では一転して「脱亜入米」が行われた。1951年9月、サンフランシスコで平和条約に調印して、日本は主権を回復するが、米ソ冷戦の中でアメリカの共産主義勢力封じ込め政策の中で、社会主義国や非同盟諸国を除外した多数派講和が行われた。また日米安全保障条約が結ばれ、日本は防衛のための軍事力はアメリカに多く依拠しつつ、冷戦体制の中で自由主義陣営の一員としてアメリカに追随して外交を行っていった。そしてサンフランシスコ平和条約にもとづいて日本は賠償、準賠償をアジアの国に行うことがアジア外交の重要な柱になっていくが、対象となった国々は、かつての大東亜共栄圏に含まれていた国や地域であり、日本はアメリカの共産主義勢力拡大阻止、反共国家育成の方針に従って、反共の分断国家、あるいは当時自由主義陣営に属しているアジアの国々に対して外交を行っていった(一例をあげれば、日本はサンフランシスコ平和条約のアメリカ上院での承認を得るために、大陸を追われた台湾の国民政府との間で、1952年4月に日華平和条約を結んだ)[15]。

　第5章　許雪姫「東亜同文書院中の台湾籍学生と林如堉、呉逸民両人の戦後の白色テロ体験」は、日中戦争からアジア太平洋戦争(大東亜戦争)開始後の時期にかけて、「日本人」として東亜同文書院に学んだ台湾人学生の入学の動機を分析し、その上で台湾人学生の卒業後の経歴を分析し、戦後台湾に戻って貿易に従事した者の多くが、対日貿易で活躍したとしている。

　日本降伏後、日本人とともに中国、東南アジアに行った台湾人は、漢奸、戦犯の逮捕と審判に直面し、財産は剥奪され、生命の危険にさらされ、中国に自由に居住することを許されず、大半の台湾人は困難を乗り越え独力で台湾に戻らざるを得ず、台湾に戻ると就職難と修学難に直面したとする。1947年2月、二二八事件が起き、これを契機にして親共産党の者、台湾

14　馬場毅「大アジア主義から『脱亜入米』へ」(『同文書院記念報』VOL. 24別冊①、2015年12月)30-32頁。

15　前掲、馬場毅「大アジア主義から「脱亜入米」へ」44頁。

の独立を追及する者が次第に出現し、一方国民政府は1949年5月に戒厳令、懲治反乱条例を発布し白色テロを開始し、これらの者を処罰、あるいは処刑し、さらに12月には国民政府そのものが台湾に遷ってきた。

このような状況下で東亜同文書院大学第44期生の林如堉は、共産党に加入し他人を勧誘して入党させたとして、戒厳令以前の1948年10月に台湾省保安司令部によって逮捕され、1949年12月に懲役3年6か月の判決が下され服役した。その後、獄中で「工作同志連絡会」を組織し、「マルクス・レーニン主義」を宣伝し、李梓鼎を加入させたとして、保安司令部に訊問され死刑の判決を受けて、1950年12月に執行されたとする。

呉逸民は1944年に同文書院大学の呉羽分校に入学し、1946年に台湾に戻り、1950年春、「民主自治同盟」に参加したことにより、1952年2月に保安司令部に逮捕され、8月、反乱組織に参加したことをもって、懲役10年、公権剥奪10年の判決を受け、最終的に蔣介石が許可をし、11月に判決が確定し服役した。その後、1953年5月、獄中で馬時彦が組織した「新連会」に参加した嫌疑により、1953年保安司令部に調査され、1956年3月に関連する14名の死刑と呉に対する感化が言い渡された。その後、国防部、総統府も原判決の維持に賛成したが、1957年1月蔣介石が馬時彦らの13名の死刑を許可し、その他の人物を再審査することを要求し、台湾警備総司令部は、1959年7月、新たに2人に死刑の判決を下し、呉逸民は「新連会」の宣伝対象になったとのことで、感化3年の判決が下され、呉逸民は刑期が3年延び、1965年になってやっと出獄できたとする。

戦後、東亜同文会は会長近衛文麿が戦犯容疑の指名を受け、1945年12月に服毒自殺し、阿部信行副会長、津田静枝理事長、一宮房治郎常務理事らがGHQにより公職追放になり、東亜同文書院大学も借用していた上海交通大学の校舎を1945年9月、国民政府により接収され、中国での事業展開が不可能になったことから、東亜同文会は、1946年1月、自主解散を決定し、3月、外務大臣から解散許可を得た。その後、東亜同文会の残余財産を譲渡され、1948年3月、財団法人霞山倶楽部の設立が認可され[16]、1958年に霞山会と改名し機構を改組した。一方、東亜同文書院大学

16　前掲『東亜同文会史』36-39頁。

の最後の第46期生は、1945年7月に富山県の呉羽分校に入校したが、それも11月に閉鎖された。1946年1月から4月にかけて、上海にいた東亜同文書院大学の教職員と学生は帰国し最後の本間学長はその再興をはかったが、経営母体の東亜同文会は解散し、かつGHQがそれを許さず、東亜同文書院大学を中心に外地にあった教育機関の教職員と学生により、1946年11月に東亜同文書院大学とは別の教育機関として、愛知大学が設立された[17]。そしてその「設立趣意書」には、「新日本ノ進ムベキ方向」は「旧来ノ軍国主義的、侵略主義的等ノ傾向ヲ一擲シ」「民主主義ヲ実現シ」「世界文化ト平和ニ貢献シ得ル如キモノタラントスル」とした上で、地域への貢献、「国際的教養ト視野ヲ持ツ」「人材」の育成をあげ[18]、東亜同文書院の興学要旨にあったアジア主義的思想を払拭している。

　第6章　堀田幸裕「東亜同文書院の「復活」問題と霞山会」は、霞山会の視点から、1946年の東亜同文会の解散以後の霞山会、愛知大学、東亜同文書院の卒業生の組織である滬友会の三者の関係を整理した上で、滬友会による東亜同文書院の「復活」問題を採り上げている。

　すなわち1959年5月、滬友会理事会は母校再建委員会を設立し、1961年7月、再建準備委員会は「東亜同文大学（仮称）設立主意書（草案）」「東亜同文大学仮称学則（草案）」を採択し、その後1962年9月、東亜研修所を開設して、中国関係の講演会と中国語の講習を始めたとする。その後、霞山会は外務省の斡旋により、1964年5月より霞山会館で東亜研修所の行っていた中国語夜間講習会を引き継ぎ、東京商工会議所と共催で中国語講習会を行い、そのため6月、東亜研修所は解散した。講習会は1965年には一般教養講座を設け、またこの時期、霞山会の提唱により、倉石中国語講習会（日中学院）、善隣書院、アジア・アフリカ語学院、斯文会との間で中国語教育懇話会の会合がもたれ、中国語検定協会の設立の問題が話し合われたとする。そして中国語専修学校として1967年4月、東亜学院が設立されたが、中国での文化大革命の日本での影響下での日中関係団体

17　霞山会『東亜同文会史・昭和編』霞山会、2003年、53-56頁。
18　大島隆雄「人物でたどる東亜同文書院から愛知大学」（『愛知大学東亜同文書院大学記念センター　オープン・リサーチ・センター年報』2007年度版2号）180頁。なおこの論文によれば、小岩井浄がこの設立趣意書を起草したとされている。

の分裂と先鋭化と学生運動の激化の中で、霞山会の提唱による中国語検定試験の実施に対する反対、東亜同文書院の復活としての東亜学院の設立反対という運動が起こり、1968年7月に予定した第1回中国語検定試験は中止に追い込まれ、東亜学院の1969年度の学生募集は見送りとなり、元学生による造反運動も起きた。この時期、通産省設立の貿易大学（貿易研修センター）のある富士宮に東亜学院が移転し、それの別科となり、東亜同文書院大学の継承をし、1972年に開校するという計画が出され、1971年3月には土地を取得したが、募金活動がうまくいかず、この計画は頓挫した。さらに1970年度以降、東亜学院の生徒は激減し、ついに1975年に各種学校としての歴史を閉じたとする。

　そしてその失敗の原因として、資金計画の甘さ、東亜同文書院大学の形にとらわれ規模が拡大した経営面の問題の存在、当時中国語を学んだ卒業生の就職先が少なかった現実、さらには当時の政治状況で、東亜同文書院の後継を名乗ることにより戦争の反省をせず中国に対して非友好的だと見なされ批判されたことなどを挙げている。

第1章

日本と「興亜」の間
——近衛篤麿と東亜同文会の「支那保全」を巡って

栗田尚弥

はじめに

　19世紀、アジアの諸国家・諸地域は西欧列強による外圧（西力東漸）にさらされ、その多くが列強の植民地もしくは半植民地と化した。そして1853（嘉永6）年、マシュー・C・ペリー准将に率いられたアメリカ東インド艦隊の「黒船」4隻が浦賀に来港、軍事力を背景に徳川幕府に開国・通商を求めた。翌54年、再来したペリーは幕府との間で「日米和親条約」を締結、200年以上続いた「鎖国」体制はここに終焉を迎えた。さらに1858（安政5）年、アメリカ駐日公使タウンゼント・ハリスと幕府は日米通商航海条約、いわゆる「安政の不平等条約」を締結した。こうして日本も、西欧列強による西力東漸の波に飲み込まれことになったのである。

　西力東漸の勢いのなかで成立した明治国家にとって、国家の独立を維持し、さらには万国に対峙しうる国家の確立は焦眉の課題であった。しかし、独力をもって西欧列強の外圧に抗しながら国家の独立を維持し、さらにこれに対峙するということは、成立間もない明治国家にとって決して容易なことではなかった。ここに、強大な西力東漸の勢いに対抗するために、アジアの近隣諸国、諸民族（特に中国、朝鮮）と連帯し、アジアを回復・復興し、その過程のなかで日本の独立を維持し、アジアの一員として西欧列強に対峙していこうとする思想、いわゆる「興亜」論（「興亜」思想）が登場することになる。

　「興亜」論は、古くは幕末に勝海舟が唱えた三国（日本、中国、朝鮮）合従論にその原型を見ることができるが、明治期になると、「官といわず、

民といわず、この『興亜』思想は随所に顔を出」すことになる¹。とは言っても、「興亜」論を一言で説明することは簡単なことではない。しかし、「興亜」論者の典型例として、樽井藤吉の名を挙げることに異論を挟む人は少ないであろう。樽井は、その著『大東合邦論』(1893［明治26］年刊)のなかで、「わが黄人を殄滅せんと欲する」白色人種に黄色人種が「勝つの道」は、「同人種の一致団結の勢力を養うに在るのみ」であるとし、「アジア黄人国の一大連邦」を構想した。そして、その第一歩として平等な関係に基づく朝鮮との合邦(国名、「大東国」)と中国(清国)との合従を説き、さらに「韃靼、蒙古、西蔵」が中国から「自主を復し」た後の中国との合邦を模索した²。

　第2次大戦後、樽井の思想はアジア侵略を先取りしたものだとして批判されるようになった。しかし、樽井が目指したのは平等な関係に基づく「大東国」の建設であり、「アジア黄人国の一大連邦」であった。中国や朝鮮、アジア諸国・諸民族に対する侮蔑感も存在しなかった。樽井が『大東合邦論』の草稿を最初に書いたのは1885年のことである。この草稿は日本語で書かれたものであったが、樽井が同年発覚した自由党大阪事件に連座し投獄されたため、草稿も所在不明となった。そのため樽井は改めて漢文で書き直し、1893年に『大東合邦論』として出版した。漢文で書いたのは、中国人、朝鮮人の読者を想定してのことであった。「大東」という国名を提示したのも、旧国名使用による軋轢を避け、対等合邦であることを強調するためであった。

　樽井的な「興亜」論は、少なくとも日清戦争までは世論のなかでそれなりの位置を占めていたと考えられる。だが、日清戦争勝利後の世論の驕慢化と平行するように、樽井的な「興亜」論は徐々に色あせ、代わっていわゆる「支那分割」論が時代の趨勢となり、日本人の多くが中国(中国人)、朝鮮(朝鮮人)に対し、さらには他のアジア諸民族に対しても、抜きがたい優越感や侮蔑心を持つようになっていった。

1　竹内好「日本人のアジア観」(『日本とアジア』竹内好評論集、第三巻、筑摩書房、1966年) 87頁。
2　樽井藤吉「大東合邦論」(竹内好による漢文読み下し版) (竹内好編『アジア主義』現代日本思想体系　9、筑摩書房、1963年) 106-129頁。

このような時代の風潮に異を唱えた人物がいる。公爵近衛篤麿である。近衛は日清戦争後の驕慢化する世論に抗し、「同人種同盟」を唱え、「支那保全」を掲げる「興亜」団体、東亜同文会を組織した。では、近衛や東亜同文会が目指した「興亜」とは如何なるものであり、そのなかで日本はどのように位置づけられていたのであろうか。また、時代状況のなかで、「興亜」や「支那保全」を掲げる近衛や東亜同文会のスタンスはどのように変化していったのであろうか。それらを明らかにすることが本稿の課題である。(なお、近衛や東亜同文会に限らず、「興亜」の対象としてまず第一に考えられたのは、多くの場合中国であった。従って、本稿でも、「興亜」とは言っても、中国に関する記述が多くなったことをあらかじめお断りしておきたい。)

1 「支那分割」論の隆盛と世論の驕慢化

　1894（明治27）年から1895年にかけての日清戦争は、日本のほぼ一方的勝利のうちに終結した。95年に結ばれた日清講和条約（下関条約）によって、日本は新たな領土（台湾）と多額の賠償金（2億両）の他、沙市・重慶・蘇州・杭州の開放、最恵国待遇などの特権を得、朝鮮が独立国家であることを中国（清国）に確認させた。さらに翌96年、日清通商航海条約において、日本は中国の日本人に対する裁判権とその関税自主権を奪った。
　西欧列強にとって、「眠れる獅子」中国の敗北は、東アジアの勢力図を塗り替える可能性を持った大事件であった。また、中国は戦時中から戦費調達のため、関税収入等を担保にして多額の借款を受けていたが、敗戦後は日本への賠償金支払いのため、さらなる借款を受けることになった。さらに、列強からの要求に従い、中国は、旅順（ロシア）、広州湾一帯（フランス）、九龍半島・威海衛（英国）、膠州湾（ドイツ）など要衝の地を租借地とすることに同意した。中国の敗北により、列強は中国への侵出の度合いを強め、中国分割（「支那分割」）競争は激化していった。そして、日本も新たな帝国主義国家として、列強の後塵を拝する形で、中国・東アジアの分割に参加することになる。
　日清戦争勃発時、国内言論人の多くが日清開戦を支持した。例えば、徳

富蘇峰は、日清開戦を契機に『大日本膨張論』を著し、「他の膨張的各国民と対等の地位を占め、世界の大競場に於て、各逐する」必要を説いた[3]。徳富によれば、帝国主義は「文明の公義」に反する排他的な独占主義ではなく、「平和的膨張主義」であり、日本が進むべき世界の大勢であった[4]。

しかし、開戦肯定論は決して一枚岩的なものではなく、文明論、義戦論の立場から肯定するものも多かった。例えば日露戦争には非戦論を唱えたキリスト者内村鑑三も、「進歩の大敵である支那帝国」を打つ「義戦」であるとして、文明論の立場から日清戦争は肯定している[5]。「原初の大陸浪人」といわれ、上海に日清貿易研究所を設立した荒尾精は、陽明学の「王道」論の立場から日清戦争義戦論を展開した。荒尾によれば、日清戦争により腐敗堕落した清朝が倒れれば、開明的な人々による新たな中国が出現し、圧迫されていた民衆が解放されることになる[6]。荒尾にとって日清戦争は、中国や中国の民衆の解放にもつながるものであった。それ故、戦後荒尾は、日本政府の清国に対する領土割譲要求や賠償金の要求を厳しく批判した。日清戦争が義戦であった以上、いくら犠牲を払ったとしても領土割譲や賠償金は絶対に要求してはならないものであった[7]。かつて荒尾は、陸軍将校として中国で収集した情報をもとに『復命書』を作成(参謀本部に提出)、清末中国の末期的症状について説明し、中国の改革を助けアジアの振興を図ることこそが日本の使命だと説いていた。さらに、日中が互いに貿易を盛んに行なうことによって日中両国が経済大国となり、欧米の帝国主義列強に対抗するという、いわゆる「貿易富国」論を展開していた[8]。荒尾の日清戦争肯定論は、「興亜」論に立つ肯定論であったとも言える。

だが、日清戦争後、内村や荒尾のように文明論や義戦論(あるいは「興亜」論)に立つ日清戦争肯定論は次第に少数派となり、言論人たちの多くが、徳富ほどではないにしても、日本が帝国主義国家となり、中国・東ア

---

3 鹿野政直「国家主義の擡頭」(橋川文三・松本三之介編『近代日本政治思想史Ⅰ』有斐閣、1971年) 295頁。
4 遠山茂樹『日本近代史Ⅰ』岩波書店、1975年、260-261頁。
5 内村鑑三「日清戦争の義」(『国民之友』234号) (内村鑑三全集〉3、岩波書店、1982年) 104-112頁。
6 荒尾精「対清意見」(東亜文化研究所編『東亜同文会史』霞山会、1988年) 129-148頁。
7 同「対清弁妄」(同書) 148-163頁。
8 同「復命書」(同書) 113-125頁。

ジアの分割に参加することを歓迎するようになった。例えば、自由民権運動の理論的主導者の一人として、自由主義や立憲思想の重要性を説き、吉野作造の民本主義に影響を与えたと言われている浮田和民も、対外的には「倫理的帝国主義」を主張した。「倫理的帝国主義」とは、「侵略的帝国主義」と異なり、列強と競争しつつも、協調しながら、国際法に則り、世界の分割支配を目指すというものであった。そして、中国に関しても、一国による独占支配ではなく、「倫理的帝国主義」に基づく分割支配を主張した。ちなみに、浮田は「支那領土分割の例は既に歴史上の事実にして今更支那の領土は一切分割するを許さずと云ふ保全主義も亦行はる可きに非ず」（「日本の帝国主義」『帝国主義と教育』所収）と、「支那保全」論を批判している[9]。

　言論界が帝国主義的傾向を強めていくのと平行するように、日清戦争後の国民世論は驕慢化の一途を辿っていた。生方敏郎の自伝的同時代史『明治大正見聞史』によると、日清戦争以前に一般国民の眼に映じた「支那」は、「立派な、ロマンチック、そしてヒロイックなもの」[10]であり、日清戦争が勃発するまで、「私たちが見た物聞いた物で、支那に敵意を持つか支那を軽んじたものは、ただの一つもなく、支那は東洋の一大帝国と見られていた」[11]という。しかし、戦後は、「あまりに脆く（中国が）敗北したという事実が、日本国民をしてすっかり支那を安く値踏みさせ」、「爪の長いこと、足の小さいこと、嗇いこと、滑稽な豚尾等が、すっかり漢人や唐人の絵を見て胸に描いていた我々のイリュウジョンを打ち破してしまった」[12]という。「支那なんぞ地図の上にばかり大きくても、実力がない」[13]、国民の多くが中国のことをそう思うようになっていったのである。

　「東洋の一大帝国」と見ていたかどうかはともかく、国民のなかで「支那を軽んじたもの」は確かにあまり多くはなかったであろう。だが、日清戦争を境に、日本国民は中国（中国人）に対し（やがてアジア全体に対しても）抜きがたい蔑視感情を持つようになっていったのである。そして、

9　前掲、鹿野政直「国家主義の擡頭」298-300頁。
10　生方敏郎『明治大正見聞史』中央公論社（中公文庫）1978年、34頁。
11　同上。
12　同上。
13　同上58頁。

この国民世論の驕慢化に対しては、日清戦争当時の外相で、開戦外交を推進した陸奥宗光ですら、次のように書かざるを得なかった。

> 一般の気象は壮心決意に狂躍し驕肆高慢に流れ、国民いたるところ喊声凱歌の場裡に乱酔したるごとく将来の欲望日々に増長し、全国民衆を挙げてクリミヤ戦争以前に英国人が綽号せるジンゴイズムの団体のごとくただこれ進戦せよという声のほかは何人の耳には入らず。この間もし深慮遠謀の人あり、妥当中庸の説を唱うれば、あたかも卑怯未練、毫も愛国心なき徒と目せられ、ほとんど社会に歯せられず、空しく声を飲んで蟄居閉居するのほかなきの勢いをなせり。―中略―スペンサー（英国の哲学者、ハーバート・スペンサーのこと―引用者注）、かつて露国人民が愛国心に富めるるを説きたる末、そもそも愛国心とは蛮族の遺風なりといえり。これすこぶる酷評なりといえども、いたずらに愛国心を存してこれを用いるの道を精思せざるものは、往々国家の大計と相容れざる場合あり[14]。

2　近衛篤麿の「同人種同盟」論と東亜同文会の設立

同人種同盟、附支那問題研究の必要　このような日清戦争後の「支那分割」論の隆盛と世論の驕慢化に警鐘を鳴らしたのが、五摂家筆頭近衛家の当主、公爵近衛篤麿である。1898（明治31）年１月近衛は、雑誌『太陽』に「同人種同盟、附支那問題研究の必要」を発表、日清戦争後の日本人の中国人に対する「驕慢の心」を次のように厳しく戒めている。

> 近時日本人は戦勝の余威によって漸く驕慢の心を長じ、支那人を軽侮すること益々太甚しく、特に支那の各地に在る日本人は恰も欧洲人の支那人に対する如き態度を以て支那人を遇し、以為らく、日本人は東洋に於ける唯一の文明国なり、支那の先進国なりと。―中略―独り其先進国たるを以て倖々自ら喜び自ら負ひ、支那人を軽侮し戮辱して反

14　陸奥宗光「蹇蹇録」（萩原延寿編『陸奥宗光』（日本の名著35）中央公論社、1973年）149–150頁。

第1章　日本と「興亜」の間

つて其悪感情を買ふは、啻に先進国の襟度に戻るのみならず、対清政略の運為を妨ぐること極めて大、其禍を後来に遺こす、豈尠少ならむや[15]

　若き日の欧州留学（1885〜1890年）以来、近衛はヨーロッパの文化や社会、政治制度に対し深い敬意を念を抱いていた。そしてそれは終世変わらぬものがあった。「同人種同盟、附支那問題研究の必要」発表の翌年（1899年）、近衛は再びヨーロッパを訪れているが、帰国後の新聞談話において「行政、教育、実業等の上に於て、万事我国の状態彼（ヨーロッパ―筆者注）に劣れるは争ふ可からざる次第」「（ヨーロッパに比し）我国精神教育の甚だ不完全なるは慨嘆に余りあり」「（ヨーロッパは）社会の制裁も非常に厳重にして、我国の如く詐偽に等しき行為を行い、姦淫、収賄、賭博、あらゆる汚行あるものも、資力あれば一国一市一郡町村の代議士ともなり、社交界に雄飛するを得るが如きことなく、所謂紳士なる語は我国に於けるが如く、資力、生活の優劣なる標準に非ずして、全く徳性の善悪の標準たる也」[16]と語っている。

　しかしその一方で、彼は、「（澎湖島に）仏国旗ノ所々ニ翻ヘルヲ見ル―中略―我国モ隣国ノ地漸次ニ西人ノ蚕食スル所トナル　何ソ之ヲ対岸ノ火視シテ抛却シテ可ナランヤ」[17]と、欧米列強のアジアへの帝国主義的侵出の現状を懸念し、また留学中の祖父近衛忠熙宛書簡に「西洋人の日本人を見下るは大人子供の差別無御座候」[18]とあるように、白色人種の人種主義（レイシズム）を彼自身が身をもって体感していた。なるほど、日清戦争の勝利により、日本の国際社会での評価は高まった。だが、このことは日本人に対する差別が解消されたことを意味しなかった。近衛によれば、それは、欧米の「一

15　近衛篤麿「同人種同盟、附支那問題研究の必要」（『太陽』明治31年1月号）（『近衛篤麿日記』付属文書、鹿島出版会、1968年）62頁。
16　「近衛公爵の談話」（『日本』明治32年11月28日付）（『近衛篤麿日記』第2巻、鹿島出版会、1968年）477頁。
17　近衛篤麿「航西紀行」（『蛍雪余聞』上、陽明文庫、1939年）274頁。
18　近衛篤麿「近衛忠熙宛書簡」（明治19年1月15日付）（前掲『近衛篤麿日記』付属文書）567頁。

時の外交政略」からくる「変態」にすぎない[19]。「同人種同盟、附支那問題研究の必要」発表の翌年、近衛は欧米諸国を歴訪しているが、この外遊で自己の見解が誤りでなかったことを確認している。先の新聞談話において、近衛は次のようにも語っている。

> 列国人が日本を待遇するの道、日清戦争前と戦役後は大に趣を異にしたるものあるは明か也。然れども其趣を異にする処は、東洋に向て驥足を伸さんとするものは、須く日本の歓心を買はざる可からずと云ふの点に在り。換言すれば中々馬鹿にならぬ国也と悟りしに過ぎずして、其間に毫も日本人を尊重するの意味あるを見ず。
> 　例之ば余が英国に入りし時の如きは、朝野の紳士より非常なる優遇を受け、其席上に於ても屡々、「東洋の平和を維持せんとするには、日英同盟は是非成立せしめざる可からず」等の語を聞きたることあり。―中略―概ね此の類なり。[20]

近衛は、列強による「支那分割」の「大勢は既に定まれる」と見ていた。そして、その背景には人種主義に裏づけされた列強の「異人種征服の目的」があると感じていた。列強がこの人種主義に拘束される限り、必ずや「東洋の前途は終に人種戦争の舞台となる」。しかるに、日本・日本人は「欧洲人と合奏して支那亡国を歌ふの軽浮」を犯している[21]。近衛はこれを怒るのである。

では、列強の「異人種征服の目的」にいかに対抗すべきか。近衛は言う、「全ての黄人種国は大に同人種保護の策を講ぜざるべからず」[22]と。要するに、近衛は、「全ての黄人種」＝アジア諸民族による対白人列強同盟による「東洋保全」を模索したのである。

そして、日本とともに「同人種同盟」を担う最良のパートナーこそ中国

19　前掲、近衛篤麿「同人種同盟、附支那問題研究の必要」（前掲『近衛篤麿日記』付属文書）62頁。
20　「近衛公爵の談話」（『日本』1899年11月28日付）477頁。
21　前掲、近衛篤麿「同人種同盟、附支那問題研究の必要」（前掲『近衛篤麿日記』付属文書）63頁。
22　同上。

であった。「同人種同盟、附支那問題研究の必要」発表後間もなく、近衛は同文会（後述）を組織するが、それに先立ち、自身が発行した雑誌『中外時論』誌上においてこう主張した。

　　東洋は東洋の東洋なり。東洋問題を処理するもの、固と東洋人の責務に属す。夫の清国、其国勢大に衰へたりと雖も、弊は政治に在りて民族に在らず。真に克く之を啓発利導せば、与に手を携へて東洋保全の事に従ふこと、敢て難しと為さず[23]

さらに、1898年11月、日本に亡命中の康有為と会見した近衛は、康に対して日中両国人の「亜細亜のモンロー主義を実行するの義務」について述べている。

　　東洋の時事日に切迫に及ぶ。今日の東洋問題は独り東洋の問題にあらず。世界の問題なり。欧洲列強皆自己の利害の為に東洋に相争ふ。東洋は東洋の東洋なり。東洋人独り東洋問題を決するの権利なかるべからず。米洲モンロー主義、蓋し此意に外ならず。東洋に於て亜細亜のモンロー主義を実行するの義務、実にかゝりて貴我両邦人の肩にあり。[24]

モンロー主義とは、米大統領ジェームズ・モンローが1823年の年次教書演説で宣言したもので、簡単に言えば、アメリカ大陸とヨーロッパ大陸間の相互不干渉の提唱である。しかし、宣言の裏には、米国による南北アメリカ大陸における排他的覇権確立の野望が隠されていた。「アメリカ合衆国による『アメリカ大陸縄張り宣言』」[25]と言われるゆえんである。それ故、近衛の「亜細亜のモンロー主義」についても、その意図するところは、アジアにおける排他的覇権の確立であり、東亜新秩序や大東亜共栄圏の理論的根拠となった昭和期のアジア・モンロー主義の先駆的主張である、と

23　工藤武重『近衛篤麿公』（復刻版）大空社、1997年、135頁。
24　「近衛・康有為会談」（前掲、東亜文化研究所編『東亜同文会史』）197頁。
25　フリー百科事典『ウィキペディア』、モンロー主義の項。

理解されることがある。しかし、近衛の「亜細亜のモンロー主義」は、人種主義や「異人種征服の目的」に対する強い抵抗の姿勢のもとに発せられたものであり、列強に対して発せられた〈中国（あるいはアジア）縄張り宣言〉と見ることはできない[26]。

　もっとも、近衛がまた日本の国益という点から「同人種同盟」や「亜細亜のモンロー主義」を考えていたことも事実である。例えば、近衛は、「同人種同盟、附支那問題研究の必要」において、「黄白両人種の競争」は「日本人の運命」にかかわるものであり、「支那人民の存亡は決して他人の休戚に非ずして、又日本人自身の利害に関するものたり」と述べている[27]。また、清朝政府の要望を受けて、康有為の国外退去を求める政府の要請により、その「意図を壮とし、其現在の境遇を愍」みながらも、また「他国の国事犯者に退去を強ふるの非理たるを認」めながらも、「日清両国相親善し、共に偕に東亜を保全せん」とする立場から康に国外退去を求めている[28]。

　だが、そもそも「興亜」論は、西力東漸という時代の流れのなかで、日本の独立と万国対峙を如何に実現するかという問題意識のなかで形成されてきた思想であった。換言するならば、「興亜」論は、アジアの運命と日本のそれがリンクされた思想であり、中国、朝鮮、アジアのためだけを考える〈ヒロイック〉な、あるいは〈没日本的〉な思想ではない。「興亜」はすなわち〈興日本〉をも意味していた、と言ってよい。

　しかし、それは、国家的なエゴに裏打ちされた、昭和期のアジア・モンロー主義とは異なる。「興亜」思想の目指すところは、アジアの繁栄こそが日本の繁栄、すなわち日本とアジアの〈共栄〉であった。「興亜」なきところに〈興日本〉はありえず、逆に〈興日本〉なき「興亜」もあり得な

26　なお、日本の「アジア・モンロー主義」の諸側面については、嵯峨隆『アジア主義と近代日中の思想的交差』（慶應義塾大学出版会、2016年）の第一章「アジア連帯思想の形成と展開」（同書9–41頁）に詳しい。

27　前掲、近衛篤麿「同人種同盟、附支那問題研究の必要」（前掲『近衛篤麿日記』付属文書）63頁。

28　前掲、工藤武重『近衛篤麿公』149頁。なお、『近衛篤麿公』によれば、近衛が康の日本滞在が、「康の一身の為に図りて利ならず」（同頁）と判断したのも、国外退去を求めた理由のひとつであった。また、近衛へは康にアメリカへの亡命を勧め、「吾子我帝国に奄留する久しきに弥るも、再挙の期果して何れの日にあるや未だ知るべからず。寧ろ如かんや同志雲集する米洲に航し、相偕に目的貫徹に力めんには」（同頁）と語っている。

かった。1899年末、近衛は、南京同文書院の学生募集に関して、長岡護美（東亜同文会副会長）と連名で各府県知事と府県会議長宛に書簡を送っている。そのなかで、近衛は「西勢東漸の趨勢を逸回し東洋永遠の利益を計」ることが「希望」だと述べている[29]。アジア諸国・諸民族とともに日本が繁栄すること、これが近衛の「希望」であった。近衛は、日清戦争後における最も良質の「興亜」論者の一人であった[30]。

ところで、近衛の言う「同人種同盟」は、白人列強の帝国主義的侵出を阻止するための単なる軍事同盟ではなかった。先に見たように、近衛は列強のアジアへの帝国主義的侵出の思想的背景には人種主義があると認識していた。だが、近衛は人種主義を人種の外面的特徴からくる固定的・絶対的なものではなく、むしろ内面的・精神的なものととらえ、欧米人が人種主義を抱くようになった原因が日本やアジア諸民族にもあるとする。例えば、1890年頃のことであるが、欧米留学から帰国し、その人種主義について敵意も顕らかに弁ずる大内暢三（後に東亜同文書院院長）に対して、「西洋人が人種競争をやつて黄色人種を圧迫してゐると君は考へて居るが、それは我々の文化が足らぬからである。文化の足らぬ為にさう云ふ競争が起るのである。だから文化的に彼等に勝つ為には一層奮発しなければならぬ」[31]と語っている。

近衛は、黄色人種が同盟して欧米列強の中国・アジア侵出を阻止した後には、さらに同人種が共同して、白色人種が納得するだけの「文化」を創

---

29 近衛篤麿・長岡護美「南京同文書院開設に関しての各府県知事・府県会議長宛書簡」（前掲、東亜文化研究所編『東亜同文会史』）183頁。

30 竹内好は、近衛の「東洋は東洋の東洋なり」論を、「当時における最良の認識」と評している（竹内好「東亜同文会と東亜同文書院」前掲『日本とアジア』379頁）。また、近衛個人についても、「気骨あり、見識あり、力量ある人物であった」と高い評価を与えている（同書378頁）。また、加々美光行は、「明治期の初期アジア主義と、日本の軍国化が進んだ昭和初期の後期アジア主義は、同列に論じ得ない」としたうえで、近衛らの「初期アジア主義はアジア民衆間の連携を目指す草莽的要素が強かった」（加々美光行「アジア主義変質の問い──東亜同文書院創立100周年」『朝日新聞』2001年6月9日付）と述べている。さらに加々美は、近衛の「日清間の貿易の興隆をもって、日清の情意を通じさせる」という考え方が、「一九三〇年代から四〇年代にかけて日中間の貿易を中心とした経済交流の発展を望むがゆえに、日中戦争に強く反対し続けた石橋湛山のプラグマチズムに通じている」（同「東亜同文書院創立者 近衛篤麿の人と思想──初期アジア主義の系譜」『東亜同文書院大学と愛知大学』第4集、愛知大学広報課、1996年、85頁）とも述べている。

31 大内暢三「近衛霞山公と東亜同文書院」（『支那』第25巻第2・3合併号）146頁。

り出すことが必要だと考えていた。

 それ（人種主義―引用者注）に負けない為には、此の東洋の文化を大いに発揮する。それに向かつて西洋の文化を融合して行く、さうすれば世界に向かつて貢献することが出来る。支那は我が国と文化の基礎を同じうして居るから之れに対して東洋文化を発揮しやうぢやないかと呼び掛ける一方に於ては、西洋の長所を採つて我が文化に加へ、融合せる文化の力を以て世界に対する。東洋文化と云ひ西洋文化と云ひ、謂はば片輪である。片輪のものに向つて完全なる文化を示すと云うことに依つて初めて意義が生ずるのである。[32]

　近衛の「同人種同盟」論は、ともに共同して新たなる文化を創造する、〈文化創造同盟〉とも言うべき要素を持っていたのである。
　東亜同文会の設立　それでは、何故、日本・日本人は「欧洲人と合奏して支那亡国を歌ふの軽浮」を犯すようになったのであろうか。その最大の原因は「日本人は善く欧洲に遊びて欧洲の事情に通ずるもの少なからずと雖も、支那に遊びて支那の事情に通ずるもの甚だ少なし」ということにある、と近衛は見る。そして、この誤謬から脱するためには、「日本人は此際宜しくその態度を慎しみ、善く支那問題の真相を研究して百年の宏謨を定」めなくてはならない、と主張した[33]。
　「同人種同盟、附支那問題研究の必要」発表の5カ月後（1898年6月）、近衛は、荒尾精が設立した日清貿易研究所出身の実業家白岩龍平と謀り、中国問題を研究するために同文会設立を企てる。白岩は当時日支合弁の汽船会社・大東新利洋行（上海―蘇州間）の社長であり、同洋行の株主であった近衛と親しい間柄であった。この白岩の呼びかけに応じ、宗方小太郎、井出三郎、中西正樹、中野二郎、高橋謙、田鍋安之助、山内巌、中島真雄、岸田吟香等荒尾と関係の深い人々が集まり、森村銀行頭取森村市左衛門が資金面での協力を申し出た。さらに、長岡護美、谷干城、清浦奎吾、佐々

---

32 同上。
33 前掲、近衛篤麿「同人種同盟、附支那問題研究の必要」（前掲『近衛篤麿日記』付属文書）63頁。

友房、五百木良三、柏原文太郎ら近衛と親しい人々も協力を申し出た。こうして、98年6月下旬「支那問題の研究と共に支那事業の実行を担任し、各班の調査に従事」[34]することを目的とした団体、同文会が組織された。

同文会設立の前年、やはり中国問題の研究を目的として組織された団体に東亜会があった。その会員には、福本誠（日南）、陸実（羯南）、三宅雄二郎（雪嶺）、池辺吉太郎（三山）、志賀重昂、井上雅二、江藤新作、平岡浩太郎、犬養毅、内田良平、宮崎寅蔵（滔天）、平山周等が名を連ね、同文会員に比し、志士的気質が強い人々が多かった。もっとも、両会の会員には互いに相知るものが多く、両会とも中国問題の研究が日本にとって焦眉の課題であると考える点において軌を一にしていた。同文会設立の5カ月後、1898年11月2日、同文、東亜両会は合併、東亜同文会（会長・近衛）となった。

東亜同文会は発会決議として、「支那を保全す」「支那の改善を助成す」「支那の時事を討究し実行を期す」「国論を喚起す」[35]の4項目を掲げた。しかし、初代幹事長陸羯南が、機関誌『東亜時論』誌上において、「我が東亜同文会の如きは政策上の日清を主眼とするものに非ず」[36]と明言しているとおり、また伊沢修二が近衛宛書簡のなかで、「東亜同文会は政治的野心を以て運動するが如きこと無之事。唯唯一専心一意に教育を以て支那人を啓発開導するを主義とすること」[37]と述べているように、その活動は南京同文書院（後の東亜同文書院）、東京同文書院（東京）、城津学堂（朝鮮半島）等の学校経営、機関誌の発行、中国・朝鮮半島での漢文雑誌・新聞の発行、時事討究会の開催など文化事業に重点が置かれることになった。

発会決議に「支那の改善を助成す」という一項がありながら、東亜同文会が〈文化事業重点主義〉を打ち出したのにはそれなりの理由がある。同会の設立母体となった二つの団体のうち、旧東亜会の人々は中国内の変法派（康有為、梁啓超ら）あるいは革命派（孫文ら）の人士に近く、場合に

---

34 「同文会設立趣意書」（前掲、東亜文化研究所編『東亜同文会史』）265頁。
35 「東亜同文会発会決議」（同書）266頁。
36 陸羯南「社交上の日清」（『東亜時論』第3号）、直接の引用は拙著『上海東亜同文書院』新人物往来社、1993年、85頁。
37 伊沢修二「近衛篤麿宛書簡」（明治33年3月1日付）（『近衛篤麿日記』第3巻、鹿島出版会、1968年）76頁。

よっては彼らの活動を直接支援することすらあった。一方、旧同文会系は中国国内の洋務派（張之洞、劉坤一ら）に近かった。「党派異同を問はず、来りて」近衛の「傘下に集まり、忽にして一大勢力を形成」[38]した東亜同文会であったが、同会の中国政治への直接関与は、「党派異同を問はず」集まった会員によって構成されていただけに、関与の仕方を巡る議論が会の分裂危機に直結することは充分予想がつくことであった。東亜同文会が〈文化重点主義〉をとったのは、会の分裂を回避する目的もあったのである。

3　義和団事件（北清事変）と「支那保全」決議

義和団事件と南京同文書院　1899（明治32）年3月、中国民衆は帝国主義列強に対する怒りを義和団事件という形で爆発させた。義和団は瞬く間にその勢力を拡大し、翌年6月には北京入城を果たし、列強の公使館を包囲した。6月には、清朝政府自体も列強8カ国に宣戦を布告、事態は中国と英米露日等列強との戦争状態（北清事変）へと進展した。

　義和団事件に対処するため、列強は連合軍を編成、日本は連合軍2万の中核を担った。出兵を巡って、東亜同文会会員の意見は出兵反対派（慎重論）と賛成派の二つに大きく分かれた。例えば、義和団の北京入城直前に在漢口の某会員（漢口支部長宗方小太郎か？）は、会長近衛に報告書を提出、「義和団に関する緊要の情報」は「我日本よりは如何なる事あるも兵を仮して団匪を鎮定する様の馬鹿な骨折りは致度無之。何となれば団匪討伐の事は決して容易の業にあらず」[39]と、日本軍出兵の愚を説いた。一方、東亜同文会上海支部長井手三郎は、清朝の一部官僚と義和団の結びつきを重視し、「充分の備えをなし大勢の動く所を注視し列国の機先を制するの決心なからさる可らす」[40]と主張した。会長近衛の6月の時点での主張は定かではないが、事件が終結を迎えようとしていた8月31日、山県有朋に対し「今日日本より撤兵を（各国に）提議し応ずれば最も妙なり又応ぜ

38　前掲、工藤武重『近衛篤麿公』137頁。
39　某会員「義和団に関する緊要の情報」（前掲『近衛篤麿日記』第3巻（明治33年6月14日の項））184頁。
40　井手三郎「義和団の蹶起」（『東亜同文会報告』第8回、1900年6月）11頁。

ざる国あらば其時は我所信を断行し其諸国に北京を委ねて少くとも天津迄撤兵する事は理に於て為し得べからざる筈はなかるべし」[41]と語っていることから推察して、慎重論に立っていたと考えられる。同じ旧同文会系と思われる三人が慎重論（某会員［多分宗方］、近衛）と出兵賛成論（井手）に分かれたという一点を見ても、義和団事件が東亜同文会にとっていかに大きな衝撃であったかがうかがえる。

　だが、出兵か否かの論争が東亜同文会内部の論争にとどまる限り、論争そのものによって、東亜同文会の設立時のスタンスである〈文化重点主義〉が動揺したとは言い難い。そもそも、東亜同文会の発会決議には「支那の時事」を「討究」することが盛られており、同会が主催する時事討究会や機関誌（当初『東亜時論』、のちに『東亜同文会報告』→『支那調査報告書』→『支那』と改名）は公開「討究」場であった。「党派異同を問は」ない人士が、ちょうど侵略主義者である豪傑君と平和主義者である洋学紳士がともに酒を飲み交わしながら日本の対外政策について議論する中江兆民の『三酔人経綸問答』のように、中国・アジア問題を議論することが、ある意味では東亜同文会の東亜同文会たるゆえんであった。

　問題は、旧東亜会系を中心に「政治的」に「行動」せんとする動きが公然化してきたことである。

　義和団が北京に迫る勢いを示していた頃、「中国革命の父」孫文は、義和団事件による中国国内の混乱に乗じ、広東地方において興中会を中心とした革命勢力の結集を計り、打倒清朝の兵を挙げることを計画していた。そしてこの挙兵計画には東亜同文会内の旧東亜会系の一部、福本日南、宮崎滔天、平山周らが参与していた。福本らは、この年5月東亜同文会によって南京に開学された南京同文書院の教職員・学生に革命への参加を呼びかけた。南京同文書院の経営は、「東亜同文会第一着手ノ事業」とされた教育事業[42]の内でも最も重視された事業であった。言わば南京同文書院は東亜同文会の〈文化重点主義〉の要とでも言うべき存在であった。福本ら旧東亜会系は、この南京同文書院を中国革命のための一大義勇兵集団に変身させることを企てたのである。近衛、白岩ら旧同文会系は、福本らの動き

41　前掲『近衛篤麿日記』第3巻（明治33年8月31日の項）292頁。
42　近衛篤麿「東亜同文会の目的」（前掲、東亜文化研究所編『東亜同文会史』）184頁。

に対し明確に不快の念を示し[43]、東亜同文会幹事会を開催、幹事田鍋安之助を南京に派遣し事態の収拾にあたらせた[44]。

結局、両江総督劉坤一の勧告と「到底現状を以てしては救ふに道なく、速やかに改革を行ふ必要を認め、且つ物情騒然たる南京よりは、商業都市たる上海に書院を移すに如かず」[45]という田鍋の判断により、8月書院は上海に移転（翌年、東亜同文書院と改名）、福本らの〈陰謀〉は未発に終わった。

「支那保全」宣言　1900年8月15日、東亜同文会は、「支那保全」宣言案を採択した。だが、宣言案採択にいたるまでには、「支那保全」を巡る議論が百出し、東亜同文会内部は甲論乙駁の状況を呈した。

先に述べたように、日清戦争終結後、列強の中国侵出の度合いは高まっていた。1898年3月、ロシアは清国に大連・旅順の租借を要求、両港の租借権と南満鉄道の敷設権を獲得した。3月には、ドイツと清国の間で膠州湾租借条約が調印されドイツは膠州湾の租借権を得、さらに膠済鉄道の敷設権と鉱産物採掘権も獲得した。翌4月にはフランスが広州湾租借、雲南鉄道の敷設権などを要求し、仏軍が広州湾を占領した。さらに、中国侵出に関しては後進国であった米国も、4月に清国の粤漢鉄道敷設に対して400万ドルの借款を供与し、同鉄道の支配権を握った。

しかし、列強による分割競争激化による租借地の拡大は、経済的観点からすれば、列強にとって必ずしも望ましいものではなかった。また、分割競争の激化が、中国民衆の反列強感情を悪化させることも懸念された。義和団事件勃発の約半年後（1899年9月6日）米国のジョン・ヘイ国務長官は、英国、ドイツ、ロシアに通牒を送り経済的な機会均等を訴え、さらに11月には日本（11月13日）、イタリア（同17日）、フランス（同21日）に対し同様の通牒を発した（第1次門戸開放宣言）。分割競争激化による経済的損失を憂慮した英国の働きかけによるものであった。さらに、1900年、米国は、経済的な機会均等のみならず、地理的に中国を分割すること

43　例えば、白岩龍平は福本の計画について、「同文会学生中半数位此方に引込まれ居申候。無謀にして成算なし」と語っている（白岩龍平「近衛篤麿宛書簡」（明治33年8月11日付）前掲『近衛篤麿日記』第3巻、275頁）。

44　同書273頁。

45　東亜同文会編『対支回顧録』下、直接の引用は、前掲、拙著『上海東亜同文書院』102頁。

への反対、すなわち中国の領土保全（正確には分割の現状維持）も表明した（第2次門戸開放宣言）。米国（英国）の提案は、それぞれ利益のために中国を列強で共同管理しようとするようなものであり、いわば帝国主義国家間の紳士協定であった。そして日本も、列国の同意を条件にこれを承認する立場をとった。

義和団事件勃発後、東亜同文書院は大内暢三を調査員として中国に派遣、独自に中国情勢の分析に当たり、「支那保全の説は独り我国民の輿論なるのみならず、列国も亦敢て分割の野心を声言し能はざる今日更に保全を唱ふるの必要なきか如し」[46]という結論を導き出していた。門戸開放宣言以降の列強の動きを見据えてのことであろう。しかし、日本国内においても、世界においても、「支那分割」論者は少なからず存在していた。例えば、フランスは、米国から門戸開放に関する通牒を受ける直前に、清国との間で広州湾租借条約を調印、99年間にわたる広州湾の租借権を得ている。義和団事件（北清事変）は事態の進展によっては、列強が再び「（事件の）善後策として分割論を提起する」[47]可能性もあったのである。また、中国人のなかには、「我国の態度を疑」[48]うものもあった。そこで敢えて、東亜同文会は臨時大会を開き、「創立以来本会の取り来りたる保全の主義を唱道し、一つは以て清国人の疑惑を解き、一は以て国論のある所を内外人に宣示する」[49]ことになったのである。

ここで、1900年6月から8月にかけての東亜同文会会員の「支那保全」論をいくつか紹介しておこう。

江藤新作は会長近衛に提出した「支那目下の形勢に対する鄙見」（6月16日付）のなかで、「此際我帝国は支那保全の策を建てざる可らず。其実行に至りては当局者に非ざれば不可能なりと雖も、当局者の対支那策は一定の主義なきに似たれば、我同志の士は大に国論を喚起して当局者を覚醒し、今日東亜の危極を救ひ、我帝国百年の計を定めざる可らず」[50]と、日本政府による「支那保全の策」の立案の必要を説き、それに向けて「当局

---

46 「会報」（『東亜同文会報告』第10回）（前掲、東亜文化研究所編『東亜同文会史』）298頁。
47 江藤新作「支那目下の形勢に対する鄙見」（前掲『近衛篤麿日記』第3巻）186頁。
48 前掲「会報」（前掲『東亜同文会報告』第10回）298頁。
49 同上。
50 前掲、江藤新作「支那目下の形勢に対する鄙見」186頁。

者」を「覚醒」させる「国論」の「喚起」こそが東亜同文会の使命であると主張した。

会長近衛は『中央新聞』(7月1日付) のなかで、「今日我国の中には支那分割を口にするものもある。如何にも愉快の議論であるが、愉快の議論は往々行はれないものである」[51]と、「支那分割」論の非現実性を説いた。ただし、東亜同文会の「支那保全」の為の具体的活動については、「外交政策は独り当局者が公言することの出来ない計りでなく、局外者たる私の様な位置に居るものでも、今是は斯うする、彼は如何すると云ふことは公言を憚からざるを得ぬのである」[52]と明言を避けている。

東亜同文書院院長根津一は、「北清変乱に対する支那処分案」(7月9日) のなかで「支那保全」策として「現状保全策」「連邦保全策」「放任保全策」の3つを挙げ、それぞれの長短を論じた上で、「連邦保全策」を「頗る有望の至計」としている。「連邦保全策」とは、簡単に言えば、日本の軍事力の保護のもとに、劉坤一、張之洞、李鴻章等を中心とした連邦を「支那南部」に設立し、さらにこの連邦が日本のバックアップのもとに、中国を統一するというものである[53]。この「連邦保全策」について、馬場毅は、「連邦保全策は西欧列強からの領土保全をなすということを意味しているかもしれないが、その連邦制国家自体が日本の保護国化というものであり、日本に領土を間接的に分割されるとも考えられる危うさを持っている」[54]と指摘している。確かにその「危うさ」は否定できないが、馬場の指摘にもあるように、「連邦保全策」は(そして他の2策も)「支那保全に帰せしむ所以」[55]から出た構想であり、根津が同じ「北清変乱に対する支那処分案」のなかで「我邦たるもの宜しく遠謀深慮、利を捨てゝ義を取り、目前の小得失を見ずして永遠自然の大功を期せざる可らず」[56]と述べていることも

---

51 近衛篤麿「近衛公の対清談 (下)」(『中央新聞』明治33年7月1日付) (前掲『近衛篤麿日記』第3巻) 204頁。
52 同上205頁。
53 根津一「北清変乱に対する支那処分案」(前掲、東亜文化研究所編『東亜同文会史』) 247-250頁。
54 馬場毅「東亜同文会のアジア主義について」(愛知大学東亜同文書院大学記念センター『同文書院記念報』VOL. 22別冊②、2013年) 16頁。
55 前掲、根津一「北清変乱に対する支那処分案」249頁。
56 同上。

無視できない[57]。

　会員山口正一郎は、7月4日近衛に「案文」を提出し、義和団事件に対しては「局外的態度を取り」「兵力を用ひざる事」を主張し、同時に、中国には、劉坤一、張之洞、李鴻章ら官界有力者と中国国内民間有志の連合による「政治の革新」が緊要であり、それには「日英米独間の連合協力」による「助勢保護」が必要であると述べている。さらに山口は「朝鮮の扶植に任じ、以て露国南下の勢力を防遏し、支那保全の素志を完成する事」と、「支那保全」のための「朝鮮扶植」の必要も説いている[58]。

　では、東亜同文会自体は、会として如何なる「支那保全」策を表明したのであろうか。

　6月23日、東亜同文会幹事会は同評議員会の決議に基づき、「支那保全主義を益々鮮明ならしむると同時に、人心収攬に努むること」「匪徒の攘夷主義なるときは、新聞其他の方法を以て之を非攘夷的に導き、直ちに兵力を加ふる事を避くべき事」、「今後形勢」が「変態」した場合には「本部は臨機応急の方針を示すこと」を中国内の各支部に通知することを決した[59]。要するに、「支那保全」喧伝による中国国内の人心収攬とマスコミ利用による義和団員への和平呼びかけが、東亜同文会のとるべき方策として決せられたのであり、具体策というのには乏しいものがある。中国の現実政治への直接関与を避けようとする東亜同文会設立当初の方針が反映された結果とみてよい。

　ところが、近衛は7月17日に開催された東亜同文会幹事会の結果を受けて、次のような東亜同文会大会宣言案を起草した。

　　本会は目下の事変に際し益々支那保全の正当なるを信じて、我国と列
　　国と協同の力を以て文明の思想ある人材をして要路に立たしめ、政務
　　の革新更始を努めしむるを期す。如し不幸にして無政府の状態に陥る

57　さらに根津は、「北清変乱に対する支那処分案」のなかで3つの「保全策」のいずれもが可能性がない場合、中国を保護国化し、そこに日本が「仁政」を敷く「分割保全策」にも触れているが、これはあくまでも「苦肉の策」であるとしている（同書250頁）。

58　山口正一郎「案文」、直接の引用は、拙稿「義和団事件と東亜同文会」（東アジア近代史学会『東アジア近代史』第4号、2001年）46-47頁。

59　「六月二十三日幹事会決議」（前掲『近衛篤麿日記』第3巻）195頁。

が如きことあらば、我国は宜く列国と協商して共に文明の思想ある大臣、督撫、其他朝野の有力者を援助し、速かに統治の実力を得せしむるに努め、社会の秩序を全くし、通商貿易を保護し、万国に開通せしめ、東亜の治安を永遠に維持せんことを期す。[60]

　一読してわかるように、東亜同文会の中国情勢への直接介入を窺わせる極めて政治的な文章である。7月の幹事会の開催を近衛に提案したのは、幹事長佐藤正（旧同文会系）であった。佐藤は、愛親覚羅氏（清朝）の保護、開明的人材の登用による「政務の革新更始」の支援等を「支那保全」宣言に盛り込み、「支那保全」宣言のなかで東亜同文会の対中政治路線を明確にすることを主張した[61]。

　しかし、この佐藤案に対しては、愛親覚羅氏の保護を盛り込むことは「同文会の方針として、未来を達観したる議論としては断じて不可なり」[62]との意見が、副会頭（副会長）長岡護美、幹事小川平吉らから近衛に提出された。その意見を踏まえたものが先の宣言案である。しかし、この宣言案には今度は佐藤が難色を示した。19日、近衛は再度筆をとり、次の如く宣言案を書き改めた。

　　本会は目下の事変に際し益々支那保全の正当なるを信じ、我国と列国と協同の力を以て速かに平和の克復を計り、文明の思想ある人材をして要路に立たしめ、之を援助して政務の革新更始を努め、社会の秩序を全くし、通商貿易を保護し、万国に開通せしめ、東亜の治安を永遠に維持せん事を期す。[63]

　すると今度は佐藤と意見を同じくする谷干城（旧同文会系）が、「愛親覚羅氏を度外に於て方策を立つ」ことに異を唱えた[64]。一方、同じ同文会系でも幹事小川平吉、同中西正樹らは「同文会は支那問題に対する唯一

60　前掲『近衛篤麿日記』第3巻（7月19日の項）243-244頁。
61　同書（7月16日の項）237-238頁。
62　同書（7月18日の項）240頁。
63　同書（7月19日の項）244頁。
64　同上。

の会として宣言する以上は、余り茫漠たる事にては宜しからず、然らばとて余り精密に立論するは外交の機密に影響して好ましからず」[65]との意見を述べ、近衛もこれに同意した。結局8月15日の大会で採択された宣言案は、「支那保全は本会の夙に唱道する所たり茲に時局に鑑み益々此旨義の当然なるを信じ誓つて之を貫徹せんことを期す」[66]と極めて簡単かつ漠然としたものになった。東亜同文会の〈文化重点主義〉の当然の帰結であったかもしれない。

しかし、この宣言についても、厳しい批判が各所から噴出した。例えば、東亜同文会漢口支部の会員某は、「張之洞先生は眼線を四方に張り会匪新党を物色し依然として虐殺を続け居申候―中略―支那の保全を画せねばならぬかと思へば保全の二字が何分にも小生には消化出来不申候。生の希望は是非此の機会を利用して東南平和の局を打攘し干戈殺伐の間に積年の伏毒汚濁を一洗し一度人心を新たにしたる上にて根本より革新するに非ざれば保全の実を挙ぐる事万々出来不申候」[67]という具合に、佐藤、谷らの主張とは逆に清朝打倒こそが「支那保全」に通ずると主張している。

義和団事件（北清事変）は、東亜同文会のスタンスを大きく揺るがせた。福本日南らの南京同文書院の革命義勇兵化は、〈文化重点主義〉の立場から阻止された。しかし、その〈文化重点主義〉は、「支那保全」宣言を巡る論争に端的に現れているように、また会長近衛が宣言案の内容を二転三転させていることからも明らかなように、東亜同文会内部で大きく動揺していたのである。

　国民同盟会　この「支那保全」決議後間もなく、近衛は東亜同文会のメンバーを中心に国民同盟会（会長・近衛）を結成した（1900年9月）。米国の門戸開放宣言、特に第2次宣言以降、列強は中国の〈領土保全〉へと動いていた。だが、ロシアは別であった。

1900年12月、北京の連合国公使団は清国に12カ条からなる講和条約を手交、清国もこれを受諾した。義和団事件（北清事変）は連合国の勝利のうちに終わろうとしていた。翌1901年4月公使団は、清国に総額45,000

65　同書（7月19日の項）242頁。
66　「東亜同文会明治三十三年臨時大会」（前掲、東亜文化研究所編『東亜同文会史』）301頁。
67　会員某「漢口通信」（『東亜同文会報告』第14回、1900年12月）51頁。

万両の賠償金を要求、5月清国はこれを受諾した。その2カ月後、連合国軍は北京から撤退を開始した。9月7日、連合国と清国の間で辛丑条約が締結され、義和団事件は名実ともに終結した。そして、連合国は同月17日までに撤退を終了した。だが、ロシアだけは「満洲」に戦時兵力の駐留を継続した。1896年9月、ロシアは清朝との間で、日本に対する安保条約とも言うべき露清密約を締結し、さらに1900年11月義和団事件の混乱に乗じ李鴻章と交渉し、「満洲」占領地域における独占的権益を獲得した（第2次露清密約）。第2次露清密約の動きはすでに日本をはじめその他の列強の知るところとなっており、各国はロシアに異議を申し入れた。そして日本では、いわゆる「満韓交換」論によるロシアとの妥協を模索する動きが伊藤博文を中心に出てきていた。

　この「満韓交換」論に「支那保全」の立場から真っ先に反対したのが国民同盟会であった。先に引用した1900年7月の「支那保全」宣言案を見ればわかるように、近衛は、義和団事件終結後の中国情勢（特にロシアの駐留継続）を前にして、東亜同文会など「興亜」団体による何らかの政治的行動が必要であるという認識に達していた。しかし、東亜同文会内には、同会の政治団体化を憂慮する声が強かった。そしてこのことが、近衛による国民同盟会設立の大きな要因となった。

> 拳匪の乱、端なく東洋の禍機を誘発するや、東亜同文会同人等、其会名の下に実動を起し、以て支那保全に手を下さんと擬す。評議員等固く執りて之を不可とし、会名を以て実政に関かるが如きは、当初立会の本旨に背くものと為す。公等乃ち同文会の他に別に無名の一会を起し、少数同志を集めて、相偕に時局匡救の策を講ぜんと欲し—中略—茲に一大民会を起こし、名けて国民同盟会と称し、九月二十四日を以て宣言を発す。[68]

---

[68] 前掲、工藤武重『近衛篤麿公』174-175頁。なお、国民同盟会設立に関しても、「東亜同文会は、形式に於て同盟会と別物たるも、閣下が同盟会に於ける態度如何は直に同文会の運命に関するもの多きをや」（五百木良三「近衛篤麿宛書簡」［明治33年9月26日付］前掲、近衛篤麿『日記』第3巻、328頁）という具合に、懸念を表明する東亜同文会会員も少なくなかった。

これまで多くの場合、国民同盟会については、明治期の「対外硬（対露）」団体の典型として論じられてきた[69]。しかし国民同盟会は、「支那保全」の立場から、ロシアの「支那分割」の動きとこれに呼応するかのような伊藤等の動きに対抗するために組織されたのであった。言わば「対外硬」は、「支那保全」論の結果であり、それ自体が目的であったわけではない。近衛は、国民同盟会の目的を次のように説明している。

　　府下の新聞中に余等同志の設立せる国民同盟会を目して排露主義の団体なりと呼ぶものあり、誣妄も亦甚だし。抑々本会を起こすに至りし原因は、今回の北清の騒乱は啻に支那の運命に関するのみならず、朝鮮及我国は勿論、苟くも東洋に関係を有する世界列国の利害に関する大問題なり。殊に一葦帯水を隔る我国に取りては其影響甚だ重大にして、万一其方針を誤まらん乎、前途の運命亦測るべからざるに至らん。故に一日も早く其平和を克復し、支那を保全すると共に東洋の天地を廓清するは我国の天職にして、亦世界列国共同の利益なるべし。[70]

4　〈文化重点主義〉的「興亜」団体から体制内的「興亜」団体へ

　義和団事件（北清事変）終結後も「満洲」占領を継続するロシアは、「満洲」のみならず、中国北部全域への勢力拡張を画策していた。1902（明治35）年2月、ロシアは「満洲」撤退を条件として、「満洲」、蒙古、中央アジアの権益の独占、北京への鉄道敷設などを項目とした協約（密約）草案を清国に提示した。さらに3月、ロシアは協約調印を清国に強く要求した。これに対し、同月英国は強く抗議し、日本政府もこれに同調した。そして、近衛は張之洞、劉坤一らに協約の不可なることを説いた。4月、協約に難色を示す清国に対し、ロシアは対清交渉断絶声明を発したが、辛丑条約締結の直後（10月）、再び撤退を条件に協約締結を清国に迫った。しかし、11月の李鴻章の死により、清政府内部では協約容認派が力を喪失し、か

---

[69]　例えば、酒田正敏『近代日本における対外硬運動の研究』東京大学出版会、1978年など。
[70]　近衛篤麿「国民同盟会の精神」（『東京朝日新聞』明治33年9月15日付）（前掲『近衛篤麿日記』第3巻）314-315頁。

わって張之洞、劉坤一ら協約反対派が勢力を拡大していった。1902年4月、ロシアは清国との間で「満洲」撤兵に関する協定を調印、「満洲」からの18カ月以内の兵力撤退を約束した。10月8日、ロシアは第1次撤兵を履行した。

1902年4月、国民同盟会はその使命を果たしたとして解散を表明した。しかし、狂信的な黄禍論者ニコライ2世を戴き、人種主義者のベゾブラゾフ（侍従武官）の如き人物が皇帝側近として存在している限り、ロシアの潜在的脅威が去ったわけではなかった[71]。

このロシアの潜在的脅威に対抗するためには、「満洲」そして朝鮮半島に関する何等かの対応策が必要であった。ここで近衛は、朝鮮に関しては、韓国政府との平等の立場による攻守同盟を提案する。これは、ロシアの韓国への侵攻があった場合、韓国政府の要請により日本が出兵するというものであった。また、「満洲」に関しては、中国の主権の下における列国への門戸開放を提案する。狙いはもちろんロシアの牽制である。「国民同盟会の解散に就て」の中で近衛はこう語る。

> 露国已に兵を撤兵して其の土を還附す。事変以前の経営を継ぐに至ては吾人の敢て妨阻せんとする所に非ず。唯之れ同時に我邦も亦大に其の平和的経営を進め、共に其利を均しくして、倶に之の開発に尽くすべきのみ。吾人曩に嘗つて満洲開放を策し、聊か清当国路者の一考を求む。亦唯平和施設の必ず衝突するなきを信ず。[72]

ちなみに、近衛は、かつては懸念を表明した日英同盟についても、「協約の精神は偏に極東に於て現状及全局の平和を維持することを希望するに在りて、先づ清韓両帝国の独立と領土保全とを維持することを言ひ、該二国に於て各国の商工業をして均等の機会を約せしめ、或る一国の独占的獲得を許さゞるべきを期し、更に該二国孰れに於ても侵略的趨向を排拒すべ

71　実際、約束された第2次以降の満洲撤兵は履行されなかった。1903年8月、病床にあったにもかかわらず、近衛は「第二の国民同盟会」と言われる対露同志会を組織する。
72　近衛篤麿「国民同盟会解散に就て」（『太陽』明治35年4月号）（『近衛篤麿日記』第5巻、鹿島出版会、1968年）88頁。

きを声明せり。―中略―此協約こそは実に善く我が清国保全及韓国擁護の大義に拠りて帝国の国是方針を確立し、之を中外に約せるもの、大綱已に成る、他細目の従て自ら挙るべきは期して待つべし。此に於てか吾人平生の志亦聊か酬ゆる所あり、吾人は先づ天の未だ吾人の微衷を捨てざるを喜ぶ」[73] とその締結を支持している。

白色人種の人種主義を問題視し、「東洋問題を処理するもの、固と東洋人の責務に属す」と論じてきたこれまでの近衛の論理からすれば、白色帝国主義国家ロシアを牽制するために、他の白人国家の力を借りることは、明らかに自己矛盾である。また、確かに英国をはじめとする列強は、米国の第2次門戸開放宣言以降、中国の〈領土保全〉に向けて舵を切り始めたが[74]、列強の中国への侵出が終わったわけではなかった。例えば、経済面についていうならば、門戸開放はこれまで以上に列強資本の中国進出をもたらし、中国国民経済の発展を阻止する可能性があった。中国を舞台とした列強間の〈陣取りゲーム〉は終わろうとしていたが、今度は新たな形の侵出が開始されようとしていた。

近衛は、この〈陣取りゲーム〉後の新たな形の侵出を予想しなかったのであろうか。近衛は充分認識していたのではないか、と筆者は考える。だが、当時の日本、中国の国力の現実を考えた場合、「支那保全」にとって当面の最大の〈敵〉であるロシアに対抗するためには、満洲開放論や他の白人帝国主義国家の手を借りることは、止むを得ない選択であった。近衛は「支那保全」という理想を終世持ち続けた「興亜」主義者ではあったが、一方現実主義に立脚する政治家でもあった。その「意図を壮」とする康有為に国外退去を求めたのも、また東亜同文会とは別に国民同盟会を組織したのも、さらに日英同盟を支持するようになったのもこの現実主義の所以であった。

そして1901年、近衛はこの現実主義の立場から、ロシアを牽制するためには「東三省」(「満洲」) の門戸開放以外にはないとする書簡を、張之

---

73 同「日英同盟の成立」(『日本』明治35年2月16日付) (同書) 34-35頁。
74 例えば、前掲「国民同盟会の解散に就て」のなかで近衛は、「欧米諸国に於ても漸次支那保全の趣旨を容認するの傾向を生じ、其結果は英独協商となり、之に対しては我邦は言ふまでもなく、列強皆孰れも反対の意見を洩せしものなし」(同書87頁) と述べている。

洞と劉坤一に送った。それに対し、張も劉もそれぞれ「『東三省』の門戸開放以外に最良の策はない。門戸開放すれば、『友邦』にとって機会均等となり、強敵であるロシアの野望を阻止できる。中国と日本は唇歯相依る関係にあり、利害を共にしている。この策がもし成功するならば東方百年の計を立てることが出来るであろう」[75]「連合軍が撤退し、皇帝が北京に帰還次第貴国の力を得英米と協議致すべく、かくすばロシヤも不法な行動は致すまいと存じます。先日英国の大臣南京に来り、東三省の件につき密談した際、貴国と一体となりロシヤを制禦すべく、了解いたしました」[76]と述べ、「東三省」の門戸開放に賛意を表している。

では、〈陣取りゲーム〉後の新たな事態に対処するにはどうするべきか。1901年12月に開催された東亜同文会秋季大会において、近衛は「支那は北清事変以来の大英断も以て革新に着手し而して之を実行する上に於て大に我国に倚頼するの傾きあり。是我国民が用意注目進んで清国の事業に当たる好時期な」[77]り、と論じている。今必要なのは、中国が自らの変革に乗り出し、それを日本が助けることである、というわけだ。近衛の頭にあったのは、「東洋の東洋」の回復ということであっただろう。そして、この言葉に続けて、近衛は「本会も出来得る限り相応の施設をなすを怠らざるべき」[78]と述べている。

この近衛の言葉を裏書きするように、東亜同文会は「清国の事業に当る」ため次々と組織の変更を実施している。例えば、調査編纂部の設置である。義和団事件のさなか、東亜同文会は各支部の報告をもとに特別報告を作成、そのうち「政府の参考にもならうと云ふ報道は当局者、内閣各大臣、陸軍参謀本部、海軍軍令部へも屢々報告」[79]され、好評を博した。東亜同文会は義和団事件において政府の情報補助機関としての役割を果たしたと言えよう。そして1901年春には、「支那朝鮮等の事情を調査」[80]することを主目

---

75 張之洞「近衛篤麿宛書簡」(1901年、月日不明、原漢文)(前掲、東亜文化研究所編『東亜同文会史』) 211頁。
76 劉坤一「近衛篤麿宛書簡」(1901年、月日不明、原漢文)、直接の引用は、波多野太郎「霞山公に宛てた劉坤一・張之洞の書簡」(霞山倶楽部『天地人』通巻第9号、1954年) 53頁。
77 「会報」(『東亜同文会報告』第26回)(前掲、東亜文化研究所編『東亜同文会史』) 343頁。
78 同上。
79 「会報」(『東亜同文会報告』第20回)(前掲、東亜文化研究所編『東亜同文会史』) 328頁。
80 同上。

的とした常置機関として調査編纂部が設置された。

　さらに、1903年には中国の主要都市に派遣員が置かれることになった。1898年の設立から間もなく、東亜同文会は上海、北京、広東（広州）、漢口、福州に支部を設置した。その主たる目的は中国人人士との交流をはかり、中国人の「支那保全」意識を喚起することにあった。しかし1903年、「清国の形勢大いに変じ他の誘導を待たずして自ら進歩を求むるに至りたりされば最早支部の必要なし」[81]との理由により、上海を除く中国支部は廃止と決せられた（広東支部は義和団事件の余波を考慮して、すでに1900年に廃止）。代わって置かれることになったのが派遣員である。派遣員の任務は、言うまでもなく「事情調査」[82]にあった。

　この組織変更の事例は、義和団事件終結後、東亜同文会の情報収集・分析機関として拡充されたことを示している。そして東亜同文会のもたらす情報は、日本の対中外交にとっても貴重な資料となっていくのである[83]。この事実は、東亜同文会が行政（特に外務省）の外郭機関的側面を有してきたことを示しており、東亜同文会の性格の変化を示している。

　設立当初の東亜同文会では、東亜同文会初代幹事長陸羯南が、機関誌『東亜時論』上において、「我が東亜同文会の如きは政策上の日清を主眼とするものに非ず」[84]と明言しているように、中国の現実政治、日中関係に会として直接関与することは見合わせられ、教育、広報活動、時事討究等の文化活動に重点が置かれた。だが、義和団事件後は国際的な中国の〈領土保全〉への動きのなかで、東亜同文会は、〈文化事業重点主義〉的「興亜」団体から、「国家経営ノ事」[85]に参与しながら、「支那保全」という理想を実現していこうとする体制内「興亜」団体へと変質を遂げていくのであった。だが、このことは、東亜同文会が単なる国家の下請け機関と化する虞も孕んでいた。東亜同文会が「興亜」団体としてアイデンティティを保て

---

81 「本会記事」（『東亜同文会報告』第20回）（前掲、東亜文化研究所編『東亜同文会史』）360頁。
82 同上。
83 ただし、このことは、東亜同文会が日本政府の単なる情報機関に堕したということではない。調査編纂部の収集・分析した情報は、機関誌等を通じて広く一般に公開された。
84 陸羯南「社交上の日清」（『東亜時論』第3号）。直接の引用は、前掲、拙著『上海東亜同文書院』85頁。
85 東亜同文書院第2回卒業式における院長根津一の訓示、「本会記事」（『東亜同文会報告』第66回）（前掲、東亜文化研究所編『東亜同文会史』）395頁。

るか否かは、日本が「興亜」国家としての道を歩むか否か、さらには東亜同文会が国家の内部にありながらも、「興亜」団体として国家との緊張を維持できるか否か、にかかっていたのである。

5 〈領土保全〉体制下の東亜同文会

　1903（明治36）年1月、近衛篤麿は死去する。その翌月、日本はロシアとの日露戦争に突入した。開戦後、東亜同文会は戦争指導に少なからず協力した。「露国の祖謀たる東邦侵略策を打破して清国の保全東亜の和平を期する」[86]ため、というのがその理由である。

　日露戦争によるロシアの敗北は、列強の脱「支那分割」＝〈領土保全〉を活発化させた。例えば、1907年には、ロシアも日本及び英国との間で協商を締結している（日露協商、英露協商）。まさに「支那領土保全の主義なるものは日、英、独、仏、米、露等当時世界のあらゆる一等国、一として之を認めざるものなき国際間最も権威ある大主義」[87]となったのである。そしてこの、〈領土保全〉主義が列強間の潮流となるなか、東亜同文会は、1909年12月の秋季大会において、「支那ト云ヒ、朝鮮ト云ヒ、日本ト云ヒ、其他三国ノ各国ニ対スル国際関係ト云ヒ大変化ヲ来シテ居ル」という現状をふまえ、創立以来掲げてきた「支那を保全す」以下の発会決議の削除を決定する[88]。

　しかし、4でも触れたように〈領土保全〉は、列強による新たなる中国侵出の開始でもあった。日露戦争後、列強は〈領土保全〉体制以前に確保していた租借地を基地として中国の経済的支配を目指し、鉄道敷設に関しての4カ国借款に象徴的に示されるように、中国を経済的な束縛下に置こうとするようになった。また、米国のように、北清事変の賠償金を元に中

86　「本会記事」（『東亜同文会報告』第54回）（同書）382頁。
87　青柳篤恒「支那領土保全論」（一）（『台湾新聞』大正8年12月3日付）。
88　「本会記事」（『東亜同文会報告』第121回）（前掲、東亜文化研究所編『東亜同文会史』）464頁。
　　ただし、後に川島浪速ら一部会員による満蒙独立運動が発覚し、それへの東亜同文会の関与が新聞紙上において取りざたされるようになると、東亜同文会は、1913年1月、「（新聞記事は）全然無根の虚報にして、本会は終始一貫、支那保全を以て唯一根本の主義主張となす」と「敬告」を出し、一部会員の満蒙独立論を容認しない姿勢を示した（前掲、馬場毅「東亜同文会のアジア主義について」21頁）。

第 1 章　日本と「興亜」の間

国に教育施設をつくり、中国への文化的影響力の拡大を図る国も現れた[89]。列強は、時には協力して、時には単独で中国内の軍閥と結ぶなどして、中国での勢力拡張を図った。そして、日本も〈領土保全〉体制下での中国侵出に参加することになる。

　この〈領土保全〉体制下にあっても、東亜同文会は政府に対する協力姿勢をとり続けた。「支那を保全す」という発会決議は取り下げたものの、東亜同文会の会員もまた、〈領土保全〉体制が列強による新たな形の中国侵出であることをよく認識していた。例えば幹事長根津一は、1910年4月の春季大会において「亜米利加ノ資本」が「忽チニシテ支那ヘ流入」することを懸念し、それが中国のみならず「日本ノ対清貿易」にとっても驚異になると警鐘を鳴らし[90]、さらに1914年の春季大会では「亜米利加の風が支那の社会に段々と拡まる」と、「（中国の）名教と、相容れない」ことになり、「社会に根本的変動が起」きた場合には、「随分危険なことになる」と、中国に対する米国の文化的侵攻に懸念を表明している[91]。

　ただ、東亜同文会が政府に協力的姿勢をとり続けたのは、単なる国家への迎合ではなく、〈領土保全〉体制下で「東洋ノ対局ヲ維持スル」ためには、「（政府に）鋭意協力以テ事ニ茲ニ従ハサルヘカラス」[92]という現実主義からであった（近衛の現実主義に通じる）。「支那保全」の削除にしても、国際情勢の「大変化」に応じただけではなく、「支那ヲ保全ス」という言葉が、「日本ガ力デ、支那ノ微弱ナルモノヲ助ケテ維持シテヤルゾト云フヤウニ」中国人が受け取って、「頗ルイヤガル文字」となっていた[93]ことも配慮した結果であり、「支那保全」の理念を捨てたわけではなかった。

　かつてダグラス・レイノルズは、1895年から1905年にかけての10年間

89　この点については、拙稿「引き裂かれたアイデンティティ——東亜同文書院の精神的考察」（小林英夫・ピーター・ドウス編『帝国という幻想——「大東亜共栄圏」の思想と現実』青木書店、1998年）を参照されたい。
90　「会報」（『支那調査報告書』第1巻第13号）（前掲、東亜文化研究所編『東亜同文会史』）488頁。
91　「会報」（『支那調査報告書』第5巻第11号）（前掲、東亜文化研究所編『東亜同文会史』）534頁。
92　東亜同文書院第4回卒業式における院長根津一の訓示、「本会記事」（『東亜同文会報告』第92回）（前掲、東亜文化研究所編『東亜同文会史』）431頁。
93　前掲「本会記事」（『東亜同文会報告』第121回）464頁。

は、日中関係史における「黄金の10年間（Golden Decade）」だと指摘した[94]。この10年間、中国をはじめとするアジア諸国が、近代国家として成長する新興国家日本に熱い視線を送っていた。また、日本国内においても、近衛のような「興亜」論者がそれなりに存在していた。確かに、この10年間は、将来における良好な日中関係（そして日本・アジア関係）を構築しうる要素を持っていたのである。

　しかし、日露戦争終結から21カ条要求までの10年間も、違った意味で「黄金の10年間」（敢えて言うなら〈第2の黄金の10年間〉）であった、と言えるかもしれない。この10年間、日本もまた他の列強と同じように、〈領土保全〉体制下で、中国への侵出の度合いを日増しに強めていった。だが反対に、1945年以前において中国国内の〈進歩的〉な人々が日本に最も親近感を持ったのもこの10年間であった。彼ら〈進歩〉派は、体制内（変法派等）、体制外（孫文ら革命派）を問わず、日露戦争を「専制国と自由国の優劣試験場」[95]ととらえ、日本の勝利を歓迎し、多くの中国人青年が、そしてまた中国以外のアジアの青年たちも、「自由国」日本をアジアにおける国民国家建設の範とすべく、留学生として来日したのであった[96]。また、例えば章炳麟のように、欧米列強の侵略への対抗上から、日本の進出を認めざるを得ないとするものも少なからず存在していた。

　この〈第2の黄金の10年間〉は、東亜同文会、そして東亜同文書院にとっても最初の「黄金の10年間」以上に〈黄金の時〉であった。現実の日本がどうあれ、中国人士が「自由国」日本の良心を信じている限りにおいては、日本政府への協力は帝国主義への協力・同調とは見なされなかったからである。それ故、東亜同文会は「興亜」団体として自信を持ち続けることができたのである。ちなみに、1908年秋（10月頃）には、「将来」における「支那人ト日本人トノ社交上ノ連鎖ニナル機関」となるべく、天津、

94　「黄金の10年間（Golden Decade）」について詳しくは、Douglas R. Reynolds, *A Golden Decade Forgotten: Japan-China Relations, 1898–1907, The Transactions of the Asiatic Society of Japan, fourth series, volume 2*, 1987, pp. 94–153を参照されたい。

95　梁啓超「ロシア革命の影響」（『新民叢報』61、62号）、直接の引用は、中村義「日露戦争と中国の立憲運動」（河原宏・藤井昇三『日中関係史の基礎知識』有斐閣、1974年）120頁。

96　この点に関して詳しくは、『しにか』1992年11月号の特集、「明治日本と中国人留学生」（同書8–46頁）を参照されたい。

漢口、上海に東亜同文会の支部が「支那人ト日本人トノ連合シタ組織」として設立されている[97]。このうち、漢口と上海は、1901年に一度閉鎖された支部の再開であった。

6 日本と「興亜」の狭間で——むすびにかえて

　〈第2の黄金の10年間〉は1915（大正4）年1月の日本の中国に対する21カ条要求という、日本の〈裏切り〉によって終焉を迎える。そしてこの時以降、東亜同文会は、日本と「興亜」の狭間のなかで激しく揺れ動きはじめるのである。

　1914年第一次世界大戦が勃発すると、日本は日英同盟を根拠に連合国の一員として参戦した。東亜同文会も、〈領土保全〉体制下での新たなる列強の中国侵出に対抗するために、日本が中国に対し確固たる影響力を持つ機会ととらえ参戦を支持した。だが、日本政府が参戦した最大の理由は、大戦を「帝国がこの機会に独逸の根拠地を東洋から一掃して、国際法上に一段と地位を高める」（加藤高明外相）[98]絶好のチャンスととらえたからであった。

　だが、時の大隈重信内閣は、21カ条要求を袁世凱政権に突き付け、「国際法上」すなわち〈領土保全〉体制下において「一段と地位を高める」ことを画策した。この21カ条要求に対して、東亜同文会の機関誌『支那』第6巻第8号、1915年4月）の「論説」（「日支交渉」）は、21カ条要求の交渉に際して、日本は「支那領土保全」を「国是」としており、「門戸開放機会均等主義」を「遵守」しているので要求には何等問題はない、とこれを支持した[99]。21カ条要求は、〈領土保全〉主義に立脚しているから問題はないという立場であろう。しかし、東亜同文会内部には、21カ条要求に対して批判的な会員も少なからず存在した。例えば、当時東亜同文会幹事長であった根津一は、「元来彼の二十一箇条は日本の不正義に由るもの

97　1908年東亜同文会秋季大会（12月）における幹事長根津一の報告、「本会記事」『東亜同文会報告』第110回」（前掲、東亜文化研究所編『東亜同文会史』）453頁。
98　加藤高明について詳しくは、櫻井良樹『加藤高明』（ミネルヴァ書房、2013年）を参照されたい。
99　前掲、馬場毅「東亜同文会のアジア主義について」22頁。

にして、独り支那国民之れを暴戻視するのみならず、支那在留外国人も其の日貨排斥を以て日本の自業自得となす所、惟ふに汝に出たるものは汝に反る。自ら犯すの罪は宜しく之れを自ら償はざるべからず」[100]と、明確に21カ条要求は「日本の不正義」であると断じ、中国における排日運動は日本の「自業自得」であると述べている。根津は、日本軍による山東半島占領直後から21カ条要求直後にかけて3度にわたって政府に意見書を提出、掃海作業終了後の青島からの即時撤兵、中国人の生命財産の保護、日本人の中国人に対する「詐偽陵虐」の禁止、などを訴えている[101]。

　第一次世界大戦後、中国大陸において日本は、英国に次ぐ帝国主義国家として成長していく。にもかかわらず、日本政府や軍部などの当局者は、時として「東亜の安定」や「興亜」、「共存共栄」をスローガンに掲げた。だが、それは、樽井藤吉や近衛篤麿のそれとは異なるものであった。樽井や近衛も「興亜」を説くにあたって、日本の国益も説いた。しかし彼らにとって、「興亜」と〈興日本〉は矛盾するものではなかった。彼らの「興亜」のなかに、「日本ガ力デ、支那ノ微弱ナルモノヲ助ケテ維持シテヤルゾト云フ」というような〈思いあがり〉が存在していたことも否定できないかもしれない。また、「興亜」の主張を〈余計なお世話〉ととらえる中国やアジアの人々も少なからず存在したことであろう。だが、樽井や近衛は日本と他のアジア諸国の関係は平等であるべきだと考えていた（一時は日本がリーダシップをとるにしても）。少なくとも、アジア諸国は独立した存在でなければならないと考えていた（樽井の「大東合邦」論も独立国家同士の「合邦」を前提としていた）。彼らにとって、「興亜」なき〈興日本〉も、〈興日本〉なき「興亜」もあり得なかった。だが、当局者たちが口にする「東亜の安定」や「興亜」、「共存共栄」は、日本と中国やアジア諸国・諸民族が、互いに独立した存在であることを認めたうえで対等の関係で結びつくというものでなかった。それは、栗原彬の表現を借りるならば、日本に対する欧米からの「抑圧」を中国やアジア諸国に「移譲」した、形だけの「興

100　根津一「時局所感五大綱」（東亜同文書院滬友同窓会『山洲根津先生伝』根津先生伝記編纂部、1930年）352頁。
101　根津一「根津一時局意見書」（外務省外交史料館蔵）（前掲、東亜文化研究所編『東亜同文会史』）256–261頁。

亜」であり、実体は「まぎれもなく〈脱亜〉」であった[102]。〈第2の黄金の10年間〉の終焉とともに、東亜同文会は「興亜」団体としてのアイデンティティを保持できるか否かという岐路に立たされることになったのである。

　少なくとも大正時代、東亜同文会には、「興亜」団体の一員としての自負を有する人々が、上記の根津以外にも確かに存在した。例えば、会員柏原文太郎は、21カ条要求、五四運動（1919年）とドラスティックに変化する日中関係のなかで、あくまで中国に対する信義を貫こうとした。1921年12月、天津同文書院始業式において、彼は中国側来賓に向かって次のように語りかけた。

　　中華民国は世界に於きましても最も古く偉大なる文化の開けた処でありまして、我日本の如きも千幾百年前より盛に貴国文化を吸収致しまして自己開発の資と致したので御座います。然るに過去五十年間我国は泰西文化を輸入致しまして遂に能く今日あるを致したので御座います。文化は決して一国民の私すべきではないと申す上からして将又貴国から受ける文化開発の報謝の上からして天津同文書院は設立せられたので御座います[103]

　また、1922年から23年にかけて東亜同文会辺疆特派員として黄河上流地方に派遣され、青海省、甘粛省まで足をのばした小越平陸は、中国内陸部における排日運動の激しさを身をもって体験し、「排日は日人自ら招く禍なり、無頼の徒自作の蘖なり、日本人自ら振作し日支の藩籬を徹せよ。之天の命ずる使命ならずや」[104]と述べている。また、東亜同文会そのものではないが、東亜同文書院の卒業調査旅行である「大旅行」を経験した同書院の学生たちも、日本の「官僚」、「軍閥」、「資本家」、「支那ゴロ」たちの行為を、「(書院生が) 四百余州を歩いて孤軍奮闘して祖国と中国の楔になって親善を築き上げる後から不可解な官僚軍閥及我利我利の資本家何も

---

[102] 栗原彬『歴史とアイデンティティ——近代日本の心理＝歴史研究』新曜社、1982年、212-213頁。
[103] 「天津同文書院概要」（外務省外交史料館蔵）（前掲、東亜文化研究所編『東亜同文会史』）596頁。
[104] 「東亜同文会辺境通信員報告」（外務省外交史料館蔵）（同書）602頁。

解らぬ支那ゴロ等が寄ってたかって毀って仕舞う」[105]と、厳しく難じている。

しかし、いまや中国、アジアにおいて欧米列強に十分対抗できる勢力となっていた日本は、「東洋ノ対局ヲ維持スル」ためには、必要不可欠の存在となっていた。そして、その日本の対中・対アジア政策を「興亜」の方向に導くためには、東亜同文会は日本国の体制内にとどまる必要があったのである。さらに、「興亜」団体としての事業を遂行し、団体としての体面を保つためには、財政的に日本という国に依存しなければならなかった。1917年、「急激ナル時運ノ進歩ニ応」じられるよう、「事業ヲ拡張スル」ための「統括機関ヲ増大スルノ」必要から、東亜同文会は政府に事業拡張費を申請している[106]。

一方、日本政府や軍部、官僚等の当局者は、東亜同文会の調査機関としての能力は高く評価していた。しかし、体制内部にあっても「興亜」団体としてのアイデンティティを守り抜こうとする東亜同文会の姿勢は、当局者たちには決して好ましいものではなかった。1923年、東亜同文書院教授山崎百治は、「対支文化事業と東亜同文会及東亜同文書院との関係について」（多分、東亜同文会本部に提出された報告書か）のなかで、「近来東亜同文会に対する（外務省当局の）非難特に著しきを覚ゆ」「今夏筆者の会見せし現外相伊集院男、外務事務官岡部氏の如き殆ど全く同文会本部に好感を有せざるが如く看守せられたり」[107]と述べている。さらに、山崎はその理由として、「其主たる原因は純然たる教育事業の経営者なる同文会本部が其の陣容あまりに政略的、コケ威し的にし、而も人物本位、能率増進、事業本位的に進みつゝある社会の進運に遅れたるにあり」と指摘している。要は、東亜同文会の「興亜」団体としてのありようが、「社会の進運」すなわち国家の方針と齟齬をきたしているということであろう。山崎は、この外務当局の東亜同文会への悪感情が、財政的にも東亜同文会や東亜同

---

105 「滇雲蜀水」（『粤射隴游』［東亜同文書院第18期生大旅行誌］）（滬友会監修『上海東亜同文書院　大旅行記録』新人物往来社、1991年）171頁。
106 「東亜同文会事業拡張補助申請書」（外務省外交資料館蔵）（前掲、東亜文化研究所編『東亜同文会史』）564頁。
107 山崎百治「対支文化事業と東亜同文会及東亜同文書院との関係に就いて」（外務省外交史料館蔵）（霞山会編・発行『東亜同文会史・昭和編』2003年）229頁。

第1章　日本と「興亜」の間

文書院にとってマイナスであるとも指摘する。

> 現在に於て有一の金櫃と頼む対支文化事務局は書院に対して好感を有せず。外相は同文会本部に対して嫌らざる所あり。加ふるに対支文化事業資金の支途を点検して従来よりも多額の補助金を得ること望み少きを感ず。[108]

対支文化事業部（後に文化事業部）は、中国・アジア関係の団体を統轄すべく外務省の外局として設置された機関で、北清事変の賠償金を基金とした膨大な資金を持っていた。1923年、この対支文化事業部が設置されると、ほとんどすべての「中国関係の文化事業がこの傘下にはいり、一元的な金しばりの支配を受けることになった」[109]。竹内好によれば、対支文化事業部は「『文化侵略』の好見本」[110]であった。

山崎は、外務当局の悪感情を払拭するためには、東亜同文会本部の「大改造」以外にはないと、次のように主張する。

> 斯くの如きは将来事業経営上に大支障を来すものなれば、外務当局と隔意なき協議を遂げて本部の大改造をなし、対支文化事務局の一分派、一幇助者として生ける道を構すると共、本部に対する世人の誤解を徹底的に一掃するの要あるべし[111]

要するに山崎の言う東亜同文会の「大改造」とは、対支文化事務局の完全なる下請け機関となることであった。そしてそれは、東亜同文会が「興亜」団体であることをやめ、「文化侵略」の〈片棒担ぎ〉となることを意味していたのである。

現実の東亜同文会は、対支文化事務局の指導（圧力）を受けながらも、「対支文化事務局の一分派、一幇助者」となることはなかった。しかし、いわ

---

108 同上226頁。
109 前掲、竹内好「東亜同文会と東亜同文書院」390頁。
110 同上391頁。
111 前掲、山崎百治「対支文化事業と東亜同文会及東亜同文書院との関係に就いて」229頁。

51

ば身内のなかから、山崎のような主張が出たということは、日本が帝国主義国家として成長していくなかで、東亜同文会の「興亜」団体としてのアイデンティティとスタンスが大きく揺らぎ始めたことを示している。

第 2 章

東亜同文会のアジア主義について

馬場　毅

はじめに

　最初に本稿を書くに至った筆者の問題意識を述べたい。それは日本のアジア主義がなぜアジア太平洋戦争時期の大東亜共栄圏思想に帰着したかということである。ここではアジア主義を竹内好の定義[1]を参考にしつつ（竹内自身は『アジア歴史事典』の野原四郎の定義[2]を参考にしているが）、西洋の侵略に対して、日本が盟主となり、アジアは連合してそれに対抗していこうという思想、および運動と定義する。アジア太平洋戦争時期では、台湾や朝鮮を植民地化し中国やアジアを侵略しつつ、欧米帝国主義下の植民地の解放が喧伝された。すなわち欧米によるアジアの植民地を解放するといいながら、自らはアジアの地域や国を植民地にしているという二重構造が存在する。無論大東亜共栄圏思想を、日本がアジアを侵略するためのイデオロギーだと評価することも可能であろう。ただ欧米帝国主義からのアジアの植民地の解放をしそれと連帯し復興をはかるという思想により、アジアの各地から多くの日本への協力者が出てきたのは事実であり、それらの中には、インドネシアのスカルノのように戦後も活躍した人たちもいる。これらの事例については、その評価と別に具体的にその事績を明らかにする必要があり、この面についての多くの歴史研究がなされている。本稿は以上のような問題意識に基づいて、アジア太平洋戦争時期の上述した大東亜共栄圏思想に帰着してしまった日本のアジア主義の、アジアへの向き合い方の淵源を求め、さらにその変遷を分析するために、典型的なアジ

1　竹内好「アジア主義の展望」（編集・解説『アジア主義』筑摩書房、1963年）9頁。
2　野原四郎「大アジア」（『アジア歴史事典』第6巻、平凡社、1960年）6頁。

ア主義団体である東亜同文会を対象にして分析したものである。

すなわち1898年に成立した東亜会と同文会が合併してできた東亜同文会（近衛篤麿会長、陸羯南幹事長）は、その発会決議の2項目と3項目に、1899年以後朝鮮の語句を加え「支那を保全す」「支那および朝鮮の改善を助成す」「支那および朝鮮の時事を討論し実行を期す」「国論を喚起す」を掲げ、アジア主義的性格が濃厚であった。本稿は具体的には、東亜同文会の掲げた「支那を保全す＝中国の領土の保全」という理念に含まれた内容が、その後どのように変化していったか、またこの理念のもとで東亜同文会の活動が実際にどのように行われたのかを1910年代の末までを対象にして分析したものである。

なお先行研究としては、翟新『東亜同文会と中国――近代日本における対外理念とその実践』[3]がある。本書は東亜同文会の出した大量の一次資料をもちいた労作である。また本書により東亜同文会の認識の基本的枠組みを明らかにされており、今後この分野の必読の書である。ただ最近の研究の進展、とりわけ辛亥革命の時期、参謀本部第2部長であった宇都宮太郎の日記の出版、ならびにそれも踏まえた櫻井良樹氏の研究[4]の出版により明らかになった辛亥革命時の宇都宮太郎の中国分割論と根津一との関係に触れていないという不十分さとか、個々の評価の違い、例えば義和団事件期、「連邦保全論」に基づいて東亜同文会のとった活動の内容、また1917年に出された「対支意見書」の論点とか、それと対比しての寺内内閣の対中政策の評価等に異論がある。その他に最近公刊された藤谷浩悦『戊戌政変の衝撃と日本――日中聯盟論の模索と展開』[5]所収の論文も戊戌政変期の東亜会、同文会、東亜同文会と中国との関係を詳しく分析していて参考に

---

[3] 翟新『東亜同文会と中国――近代日本における対外理念とその実践』慶應義塾大学出版会、2001年。その他本書第1章の栗田論文も関連したテーマを取り扱っている。

[4] 宇都宮太郎関係資料研究会編『日本陸軍とアジア政策　陸軍大将宇都宮太郎日記』1、岩波書店、2007年、櫻井良樹『辛亥革命と日本政治の変動』岩波書店、2009年。

[5] 藤谷浩悦『戊戌政変の衝撃と日本――日中聯盟論の模索と展開』研文出版、2015年。なお同書では、東亜同文会の発会決議「支那を保全す」「支那の改善を助成す」「支那時事を討究し実行を期す」「国論を喚起す」は、東亜会と同文会の構成メンバーも変法派への関わり方も異なる中で、「多様な意見を纏める便宜的な決議である」との指摘がある（398頁）。その後東亜同文会幹事会は、1899年8月以後、朝鮮での事業開始を決定し、それとともに上述の2項目と3項目に朝鮮の語句が加えられた（前掲、翟新『東亜同文会と中国――近代日本における対外理念とその実践』8頁）。

第2章　東亜同文会のアジア主義について

なる。本稿はこれらの研究の成果を踏まえて行う。なお本稿以前に筆者がこのテーマに関連して行った口頭報告と論文[6]を踏まえて、本稿を書いたことをはじめに記しておきたい。

1　義和団事件期における連邦保全論

　1900年6月、列強による中国分割の危機に対して「扶清滅洋」を掲げて立ち上がった義和団は、天津から北京を占拠した。それに対して日・露・英・仏・米・独・墺・伊の8カ国連合軍が天津から北京に進攻した。6月21日、清朝内部の保守排外派は義和団に依拠して列強に対して宣戦布告をした。このように中国の華北が戦争状態になって混乱に陥る中、7月9日、根津一から東亜同文会会長近衛篤麿へあてた手紙の中で、彼は「北清変乱に関する支那処分案」を述べている[7]。それによれば根津一は義和団事件に関して、日本のとるべき態度として4つの策を述べている。その中で「連邦保全策」を「最も機宜に的中する」として推している。

　その他の3つを簡単に述べると、「放任保全策」は、日本は清朝の動静、列国の進退如何に関わらず、自国の防衛に全力を注ぐべきであり、「支那帝国の趨勢は歴史自然の帰着に放任すべし」というものであり、いわば清国への不干渉政策であるが、「連邦保全策」を日本がとらない場合には、次善の策としてとるべきだとしている。「現状保全策」は、日本はまず1個師団を華北に派遣し、義和団を鎮圧し、端郡王以下の保守頑迷派の官僚の迷夢を冷まし、列国と清廷の間に立ち、英米との親和につとめ、主導権を持ち、賠償と保安設備を確保し、講和条約を結び、その他一切、清国の

6　馬場毅「辛亥革命と東亜同文会」(愛知大学東亜同文書院大学記念センター『同文書院記念報』VOL. 20、2012年3月)。なおこれは2011年11月12日、愛知大学豊橋校舎で行われた国際シンポジウム「辛亥革命・孫文・東亜同文会」での口頭報告をもとにしたものである。これの一部を改訂して、2013年8月24日、中国襄陽「南湖賓館」で行われた中国社会科学院近代史研究所・湖北大学主催・首都師範大学共催「社会文化与近代中国社会転型——第五届中国近代社会史国際学術研討会」で「東亜同文会与辛亥革命」の題名で口頭報告した。その他馬場毅「東京同文書院について」(『近代台湾の経済社会変遷——日本とのかかわりをめぐって』東方書店、2013年)。

7　「北清変乱に関する支那処分案」については、前掲、翟新『東亜同文会と中国——近代日本における対外理念とその実践』108-109頁に指摘がある。なお原文は根津一「北清変乱に関する支那処分案」(『近衛篤麿日記』第3巻、鹿島研究所出版会、1968年) 217-221頁、である。

現状を維持するというものであり、換言すれば清国に武力干渉しつつ清国の現状を維持するというものであり、大枠において日本政府のとった策に近い。以上の「放任保全策」「現状保全策」および「連邦保全策」を含む3策を情勢の急転によって実行できなくなったり、列強がいわゆる勢力圏を占領した場合には、やむを得ず「分割保全策」をとるべきだとしている。日本はイギリスと連合し、2個師団をイギリスの勢力圏下の長江流域に出兵し、湖北、湖南、江蘇、江西、安徽を占領し、台湾総督府は福建、浙江を制圧し、仁政をしき、他の列強の占領を放棄した地域をあわせて、イギリス統治下のインド帝国のようにするというものであるが、根津一自らはこれは「苦肉の策」と述べている。ただこうなると「中国の領土保全」どころか、中国国内に日本の植民地を確保するということになる。

「連邦保全策」は、端郡王が朝廷の主導権を握り、大軍によって持久戦をすれば列国軍は不利になり、革命党などが各地に蜂起し、列国も南部中部の沿岸を騒擾するかもしれず、そうなれば中国の大乱となり、清朝も現状も保持できなくなる。そこで日本が中国の南部に連邦を樹立するという策である。まず劉坤一、張之洞、李鴻章と結び、その管轄下の省を一分邦とし、その上で日本は勢力圏保護の名目で軍隊を福建省に入れ、さらに閩浙総督に強制して、福建浙江を日本の保護国とし、日本の総督を置く。その上で劉、張、李などの数邦を擁護し、連邦を樹立し、この連邦が中国を統一し、それを日本の保護下に置く。そして、中国の国力を持って中国の統治をし、もって東洋の安定をはかる。このような工作をするためにも、華北における軍事行動は抑制するというものであった[8]。これは北方の統治能力を失った清朝に対抗して南方に日本の影響下の連邦制国家をつくり、将来的にそれが中国を統一することを目指すとし、その下では西欧列強からの領土保全をなすということを意味しているかもしれないが、その連邦制国家自体が日本の保護国というものであり、日本に領土を間接的に分割されるとも考えられる危うさを持っている。しかもこれは当時の日本政府の方針、すなわち大枠で前述した「現状保全策」の方針と異なったものであった。

8　同上、根津一「北清変乱に対する支那処分案」217–221頁。

第 2 章　東亜同文会のアジア主義について

　だが近衛篤麿をはじめ、根津一などの東亜同文会指導部はこの案を実現しようとし、当時の中国に働きかけた。翟新氏の研究によれば、この働きかけは 3 つのルートによって行われた。第 1 のルートは、東亜同文会会員による南方総督への独立勧告工作であり、第 2 のルートは、中国中部在住会員による唐才常の自立軍蜂起への援助であり、第 3 のルートは中国在住南方グループの一部による孫文一派の恵州蜂起への参加であった。

　まず第 1 のルートでは、中国中部会員の宗方小太郎、井上雅二らによって、1900 年 6 月から 7 月にかけて張之洞、劉坤一、李鴻章らに清朝からの独立による新政権樹立と連邦樹立を働きかけたが、7 月中旬以後、これらの東南互保協定を結んだ総督らが清朝擁護に転換したため、この工作は失敗に終わった。その後、井上雅二らは東亜同文会執行部とは別に、第 2 のルートとして唐才常一派による中国議会の設立と哥老会などを基盤としての立憲政府樹立を目標とする自立軍蜂起への協力と方針を変え、特に井上雅二がこの工作の中心となった。しかしながら唐のこの計画は露見し、8 月 21 日、唐才常らは張之洞の部下により逮捕された。その後、近衛は張之洞との関係を重視し、柏原文太郎らの張之洞への寛大な処置を申し込むべきだという要求を拒否し、また大隈重信、板垣退助、犬養毅らによる唐才常救助電報への署名を拒否した[9]。

　第 3 のルートとして広東省を中心に活動していた南部派会員は、孫文の革命運動を支援した。この活動に参加したのは宮崎滔天、内田良平、平山周、福本誠、山田良政らであった。彼らの活動にたいして、東亜同文会の指導部は、孫文支援運動は中国における情勢を複雑化させ、日本の中国外交政策にマイナス要因となると批判的であった。孫文らは児玉源太郎台湾総督に働きかけ援助を得るとともに、広東省の恵州で蜂起する計画を立てた。そしてその指揮部に福本誠、平山周ら 5 人が担当することになった。また彼らは南京同文書院幹事兼教授の山田良政の参加を促すとともに、南京同文書院学生の約半分をその活動に巻き込んだ。近衛篤麿は南京同文書院の田鍋安之助に指示を出し、これらの動きを取り締まらせ、南京同文書院の学生を参加させないようにした。だが孫文の命を受け、蜂起軍は 10

9　前掲、翟新『東亜同文会と中国――近代日本における対外理念とその実践』114-118 頁。

月6日、広東省恵州で蜂起し、福建省の厦門を目指して北上していったが、日本の伊藤博文内閣は、児玉源太郎が孫文に対して約束した蜂起軍が厦門まで来たら日本軍人を派遣して武器援助をするという支援を厳禁した。孫文の命によりそのことを蜂起軍に伝えに行った山田良政は清軍に捕らえられ殺害された。山田は孫文の革命に参加し、犠牲となった最初の日本人となった。結局この蜂起は失敗した[10]。

当時、東亜同文会は幹部の間で、清朝の改革を支持し南方総督を結合しての連邦政府の樹立に反対した外務省の方針を支持した佐藤正幹事長（8月退任、後任根津一）とほかの幹事、評議員との対立があり、執行部として南方総督への働きかけをすぐには統一方針として決められず、また中国現地の会員間でも意見の対立があり、これらの3つの動きも、東亜同文会指導部が統括した方針というより、それぞれ現地の支部の会員がそれぞれ独自に動いたというのが実態かと思う（ただし第1のルートは、近衛らの指導部の意を受けた動きだと思う）。

翟新氏は、以上の3つのルートによる働きかけを、「連邦保全論」に基づいて東亜同文会が行ったとするが、近衛篤麿は唐才常らの中国議会設立の動きを評価せず、また前述したように近衛篤麿は唐才常の逮捕に際し、張之洞との関係を重視し、柏原文太郎らの張之洞への寛大な処置を申し込むべきだという要求を拒否し、また大隈重信、板垣退助、犬養毅らによる唐才常救助電報への署名を拒否したし、孫文支援運動については、近衛篤麿ら指導部は孫文らの蜂起に反対しているのであり、これを「連邦保全論」の中に入れていいのか疑問がある。これらの3つのルートの工作に東亜同文会の会員が関与したのは事実であるが、厳密に言えば「連邦保全論」構想に基づく工作は、南方総督に対する働きかけだけではないかと思う。ただ翟新氏も指摘しているように3つのルートとも清朝以外の親日的な、日本の保護国に置かれる新政権作りを志向した点では共通であった[11]。

ところで1900年7月以後、ロシアが義和団鎮圧を名目として満洲占領に乗り出してきた。8月4日、東亜同文会の近衛篤麿と幹部らは「東洋問

10　馬場毅「孫文と山田兄弟」（『愛知大学国際問題研究所紀要』第126号、2005年）99–101頁、前掲、翟新『東亜同文会と中国──近代日本における対外理念とその実践』118–120頁。
11　前掲、翟新『東亜同文会と中国──近代日本における対外理念とその実践』116–120頁。

第 2 章　東亜同文会のアジア主義について

題の集会」を開き、席上恒屋盛服より「露の琿春攻略は甚だ乱暴に付き、満洲占取の意志を公にしたるものなり」という発言が出て、「結局政府をして今日の機を失わず露に抗するの方針を取らしむる様、絶えず注意する」ということになり、中国南方での蜂起より北方でのロシアの動きを重視することになっていた[12]。さらに近衛篤麿らは対露強硬論を唱えていった。東亜同文会は、8月15日、臨時大会を開き、その席上「支那保全は本会の夙に唱道する所たり茲に時局に鑑み益々此旨義の当然なるを誓って之を貫徹せんことを期す」という宣言を発表し、再度「支那保全」を再確認した[13]。これは近衛篤麿らが連邦国家工作を放棄したことを宣言することを意味していた。したがってこれ以後起きた唐才常の救援活動を拒絶したり、孫文の革命運動を取り締まったりした。また対露強硬論は、その目的は「支那保全」であるという文脈の中で唱えられ、その意味からも連邦国家構想を含む「連邦保全論」は放棄されなければならなかった[14]。

2　東亜同文会の事業

　その後東亜同文会は清朝との関係を強化していき、とりわけ「連邦保全論」の工作の対象にもなった南方の総督、たとえば両江総督劉坤一、湖広総督張之洞らとの関係を深めていった。特に東亜同文会は教育事業に力を入れたが、1900年5月に開院した南京同文書院と、その後義和団の影響が長江流域に及びそうになり、そのため南京の授業を停止し上海で授業を再開して、翌1901年5月に、上海で正式に開院した東亜同文書院の両院とも両江総督劉坤一の協力を得て外国人の学校でありながら租界外に設置された。また清国留学生受け入れのための東京同文書院が設置されたきっかけは、義和団の運動が大規模化する以前であるが、1899年1月、近衛篤麿が湖広総督張之洞の依頼を受け、その孫張厚琨を華族の子弟の入学する学習院に特別に入学させたことであった。また10月、張之洞の派遣した清国留学生が張之洞の幕僚である湖北留日学生監督銭恂に率いられて来

12　前掲『近衛篤麿日記』第3巻、263頁。
13　「本会記事」(『東亜同文会報告』第10回、1900年9月) 14–15頁。
14　前掲、翟新『東亜同文会と中国――近代日本における対外理念とその実践』120–121, 123頁。

日し、それらのうち、5名の教育を東亜同文会に依頼してきたため、11月に東京同文書院に受け入れた。

東亜同文会は教育事業に力を入れたが、日本人向けの上海の東亜同文書院とともに、一貫して中国人の教育にも力を入れ、日本語と旧制中学程度の普通学を教えて上級学校に入るための東京同文書院を経営した。東京同文書院は、1922年に閉校しその後中国人学生の教育は、東亜同文書院中華学生部にゆだねられるが、1915年12月までに3,000人が入学し、彼らは帰国後、中国の近代化のために貢献した。また1906年から1908年まで、ベトナムの独立運動家ファン・ボイ・チャウ（潘佩珠）の興した東遊運動（ドンズー運動）により日本に来たベトナムの独立を望む留学生への教育を行った。この間、日本政府は1907年6月、日仏協約を結び、清国での勢力範囲をフランスと協定した上でフランスは日本の朝鮮での優越的地位を認め、日本はインドシナ半島でのフランスの植民地支配を認めた。東京同文書院は日本政府のこのような方針に抗してベトナム人留学生を清国人と称し教育を続け、それは1908年9月、日本政府が留学生への解散命令を出すまで続いた[15]。

また東亜同文会は清朝による教育の近代化にも協力した。すなわち1901年の光緒新政開始以後、清朝は、各省における書院の学堂（近代的学校）への改組を命じ、さらに1904年には、実質的に張之洞が立案し日本の学校制度を模倣した「奏定学堂章程」を出し、近代的な学校制度の樹立に踏み切っていた。東亜同文会は、これらの教育機関に教習を派遣するなどして支援を行っていった。

また東亜同文会は、1905年以後の清朝の立憲改革を支持していたが、孫文らの革命派への評価は、辛亥革命直前の1910年の時点でも大変低かった[16]。

---

15 馬場毅「東京同文書院について」（馬場毅・許雪姫・謝国興・黄英哲編『近代台湾の経済社会変遷——日本とのかかわりをめぐって』東方書店、2013年）。
16 これらについて詳しくは、前掲、馬場毅「辛亥革命と東亜同文会」を参照。

3 中国保全論の削除

　1909年12月、東亜同文会は秋季大会で、中国人に評判の悪い日本を盟主としての中国保全論などの項目を削除した。この時削除された項目は、「支那を保全す」「支那及び朝鮮の改善を助成す」「支那及び朝鮮の時事を討究し実行を期す」「国論を喚起す」であるが、その理由について、根津一幹事長は以下のように述べている。「支那ヲ保全スト云フヤウナコトハ支那人ノ最モイヤガル言葉デ、支那ヲ余ホド下ニ見タ所ノ立前デアル、支那ヲ助ケテ保タシテヤルト云フヤウナ意味デ、友邦互ニ助ケ合フ意味デナイト予テカラ苦情ヲ言ウテ居ル文字デゴザイマス、支那及朝鮮ノ改善ヲ助成スト云フコトモ、支那ト云フ字ニ対シテ申シマスレバ、矢張リ改善ヲ助成スト云フヤウナコトハ、国際間ノ言分トシテ感情上面白クナイ文字デコザイマス」[17]。換言すれば日本と中国との関係を対等のものとせず、日本が上に立って、中国を保全をしてやるというような態度が、中国側から反発をされていたことを是正したいということであろう。ただここで削除された項目で含意されている日本が盟主という意識は、この後も東亜同文会の指導者の意識の中に残ったし、「支那を保全す」という理念も維持されていった。

　このように東亜同文会が対中国の面で融和的になった背景には、1908年にすでに顕著となっていた中国人の日本留学および日本人教習の衰退があると思われる。その原因として外的要因としては、アメリカの宣教師による教育事業の進展、さらには義和団賠償金をもとにした留学生教育事業の進展があげられる。内的要因としては、教習については中国自体で教員の自給体制が整ったことや日本人教習同士の抗争や一部の質の悪さが評判を落としたこと、留学生については日本政府が留学生取締規則を出したこと、日本における留学生教育が中等レベルの普通教育であり、しかも速成で行い留学生教育の質的低下をもたらしたこと、留学生を受け入れた私立の学校が条件の不備のまま営利的な経営をやったことであった[18]。

17　「会報」(『東亜同文会報告』第121回、1909年12月) 83-84頁。
18　阿部洋『中国の近代教育と明治日本』福村出版、1990年、113-124, 222-228頁。

4 辛亥革命直後の南北分割論

 1911年10月、武昌蜂起が起きた直後、日本政府は革命派の動きに反対して清朝の立憲制を維持しようとしていた。

 しかしながら当時、日本軍の参謀本部内で対外情報担当の第 2 部長宇都宮太郎は、日本政府の方針とは別に、中国の南北分割論を行おうとしていた。宇都宮太郎は武昌蜂起後の1911年10月15日から16日にかけて「対支那私見」を書いた。それによれば、現在の儘の中国の保全は国土人口がやや過大であり、将来我が子孫のために患となるおそれがあるので、いくつかの独立国に分割して保存することが望ましいとした。そして満漢 2 族の 2 国家に分立させ、清朝を助けてその顚覆を防ぐとともに、隠密に革命派を援助し、適当な時期を見計らって両者の調停を行い、中国を清国と革命派の支配国の 2 つに分立させて、日本はその両国を調停し、その両国と特殊な関係（ 1 つは保護国、 1 つは同盟国）を持ち、満洲問題を解決するという「支那保全論」（列強の分割を避けながら日本の影響力を確保する）を主張した。そしてこれを福島安正参謀次長に示し、西園寺総理、奥参謀総長、石本陸軍大臣を説得し、政府の「対支那政策」にするよう要請した[19]（実際には政府の政策とはならなかった）。そして革命派援助のために現役、あるいは予備、後備、退役の軍人を派遣した。すなわち10月に武昌・長沙に丸山豊、木村恒夫両大尉を派遣し、個人の資格で変名を使って革命軍を援助させた。11月に南清一帯に革命派との連絡のため、井戸川辰三中佐を派遣した。また革命軍に参加させた後備歩兵大尉金子堅太郎は戦死した。華南方面では、独立の機運を醸成するために、11月に 2 人の軍人を福州に派遣し、翌年 1 月、 1 人の軍人を雲南へ、 1 人の軍人を広西へ、 3 月には雲南・貴州へ派遣した。その他に、大陸浪人池亨吉を孫文への工作のために派遣したり、以前から密接な交流のあった根津一が国論の喚起と革命派支援のために組織した善隣会の会長に高島鞆之助を推薦したりした。なお清朝側に対しては、前年10月、情報収集とコントロールのため、坂西利八郎を袁世凱の下へ送っていた 。これらの将校派遣の費用は、参

---

[19] 前掲、宇都宮太郎関係資料研究会編『日本陸軍とアジア政策　陸軍大将宇都宮太郎日記』 1、483-484頁。

謀本部の機密費や清国からの留学生の補助のための資金を積み立てた振武資金から支出し、参謀本部から出せないものは、宇都宮太郎が三菱財閥の岩崎久弥から調達して支出している[20]。

　東亜同文会幹事長であった根津一もこの時期、宇都宮太郎のこの北の清朝、南の革命派の共和国という南北分割論に賛成していた。もともと根津一と宇都宮太郎は参謀本部勤務時代の同僚であり、親密な交際があり、11月5日、宇都宮太郎は東亜同文会を訪問し、中国の南北分割論を述べた「対支那私見」について、根津一の同意を得ている。また12月6日、根津一は参謀本部を訪問し、後述する派遣する人員の渡清費用を宇都宮太郎に請求している[21]。

　すなわち武昌蜂起後、東亜同文会は、幹事大原武慶を渦中の武昌に派遣した。そして「国家と歩調を一にし国家のためになるやうに充分力を尽くさんければならん」という考えから、その他に長江の南方の重要都市、すなわち成都・重慶・雲南を1人が兼ね、湖南に1人、南昌に1人置いて九江を兼ね、南京に1人置いて蕪湖、鎮江を兼ね、上海は東亜同文書院の教授が受け持ち蘇州と杭州を兼ね、寧波に1人置いて温州を兼ね、福州は現地にいる人に委託し、広東はかねてから派遣した通信員に継続させるなどして、派遣員を派遣した。これらの派遣員は各地の情報収集に努めたが、それ以外に「是等の人達は其土地に於きまする革命党の首領株と交際し、或は商業会議所の会頭其他有力者と交際して日支間の通商を持続することに努める」と革命の動乱期、革命派との連絡と日中間の貿易を維持する役目と「或は諮議局議員の主なる者、其他地方の有力者等と交際し、下地を作つて置て……其下地の出来た所で本部より有力者を派して各地を周遊し以て揚子江以南の各地を結束し一つの確実なる共和国を形成して、それから進んで北の方にも尽力して、而して支那全局の為め日本国家の為めに大いに為す」と、次々と清朝から独立した南方の各省を共和国として統一させ、それを北方にも及ぼす工作を担っていた。だが北方の袁世凱と南方の革命派との間で和議が成立し、1912年2月12日宣統帝溥儀が退位し、そ

20　前掲、櫻井良樹『辛亥革命と日本政治の変動』88-92頁。
21　前掲、宇都宮太郎関係資料研究会編『日本陸軍とアジア政策　陸軍大将宇都宮太郎日記』1、493,505頁。

の後孫文に代わって袁世凱が臨時大総統の職を継承し、「統一民国」が成立すると、上述のことを為す必要がないと判断して、4月限りとして派遣員の一時帰京を命じた[22]。

これらの派遣された人員は宇都宮太郎の考えていた南北分割論構想に基づき、主として南方の革命の動きを拡大していく工作を担ったものであろう。

その他に宇都宮太郎が関わったものとして、第1次満蒙独立運動がある。これは南北妥協により清朝の宣統帝が退位し、袁世凱の臨時大総統就任により南北の対立が解消することを目前にして、満蒙の分離独立により清朝の維持を図ろうとした挙兵計画である。これには特務機関の多賀宗之少佐らの軍人と東亜同文会評議員であった川島浪速が実行した。そのための資金は参謀本部と岩崎から提供された。そして1912年1月以後、本格的な工作が行われて、2月2日、川島浪速は粛親王を北京から旅順に脱出させた。また2月1日には開元（原）へ向けて小銃500挺・弾丸20万発の送付が決定され、同時に蒙古王に対する借款供与の動きが開始された。しかしながら2月12日、宣統帝溥儀が退位し中国が統一された後、2月20日、閣議で厳正中立が決定され、第1次満蒙独立運動は中止となった[23]。だが川島浪速は後に袁世凱の帝政に対して、日本政府が袁世凱政権打倒の方針を決めた1916年3月以後、第2次満蒙独立運動を展開した。

この時期の南北分割論については、東亜同文会評議員宗方小太郎も1911年11月21日に、宇都宮太郎が派遣した井戸川辰三および本庄繁らの駐在武官とともに、革命派の宋教仁を尋ねて、中国で連邦制度を採用することを提案して拒否された後に、「北各方山東、河南、山西、陝西、甘粛、直隷の六省と蒙古、満洲、伊犂、西蔵を併せて依然清朝の有たらしめ、其余を革命軍に割譲する在り」という南北分割案を唱え、それを以て革命軍政府を承認することを海軍軍令部に進言し、日本をはじめ列国が干渉的仲

---

[22] 「会報」（『東亜同文会支那調査報告書』第2巻第24号、1911年12月）45頁、「会報」（『支那』第3巻第10号、1912年5月）90-91頁。

[23] 前掲、櫻井良樹『辛亥革命と日本政治の変動』101-103頁。なお同書101頁では、開元となっているが、宇都宮太郎関係資料研究会編『日本陸軍とアジア政策　陸軍大将宇都宮太郎日記』2、岩波書店、2007年、81頁では開原となっている。

裁をすることを求めた²⁴。宗方は井戸川を通じて宇都宮の南北分割論を知らされていたのではないかと思う。すなわちこの南北分割論は宇都宮の構想に呼応した動きではないかと思う。その後宣統帝溥儀が1912年2月に退位すると、宗方は帝政復活を目指して恭親王を中心として作られた中国帝政党（宋社党）と結託していった²⁵。

　東亜同文会は、武昌蜂起後前述したように南北分割論の構想のもとで、革命勢力を拡大して南北両国が分立する情勢をもたらすという目的のためであったが、根津一、大原武慶、小川平吉らの革命派支持、共和制賛成の意見が主流であった。そして孫文が、臨時大総統辞職後、1913年2月に来日したときには、東亜同文会は華族会館で壮大な歓迎会を行った。
　だが1913年7月、第二革命が始まると、東亜同文会は孫文らのグループに肩入れすることもなく、袁世凱派と孫文派に対して距離をおいて対処した。たとえば、根津一は8月、『支那』の論説の中で、現状分析をし、袁世凱は和平のため南北妥協をすべきだったとしながらも、北方（袁世凱派）と南方（孫文派）の軍事力、富力を客観的に分析し、特にどちらを支持すべきという態度を示していない²⁶。

5　満蒙独立論と中国保全論の再提起

　川島浪速や宗方小太郎に代表される満蒙独立運動以外に、満蒙利権の確立を重視する動きがあった。東亜同文会の評議員であり、衆議院議員の井出三郎、田鍋安之助、中西正樹らは、1913年1月7日、東京の赤坂三会堂に集まり、満蒙の利権確立のための政府への意見書を出すための建議会を開いた²⁷。1月9日、東亜同文会は、伊集院公使、有吉上海総領事に対して、「東亜同文会は依然支那保全の大主義を以て一貫せる旨」を打電した²⁸。この動きの背景にあるのは、「正月九日、都下二三の新聞紙上に於て、

24　神谷正男編『宗方小太郎文書』原書房、1975年、259-260頁。
25　馮正宝『評伝宗方小太郎——大陸浪人の歴史的役割』熊本出版文化会館、242-243頁。
26　根津一「支那時局概観」（『支那』第4巻第15号、1913年8月）。
27　「満蒙問題と有志」『東京朝日新聞』1913年1月9日。
28　「東亜同文会の宣明」『東京朝日新聞』1913年1月11日。

宛も本会が主謀の地位に立ち、満蒙独立云々の狂策を画せるが如き記事を見聞せり」という東亜同文会側の認識であった。1月10日、東亜同文会は、これらの記事は「全然無根の虚報にして、本会は終始一貫、支那保全を以て唯一根本の主義主張となす」と「敬告」を出した[29]。11日午後には、評議員会を開き、同文会は依然として「支那保全を以て其主義とする事」および「第一期大総統選任なるの際中華民国を承認すべき事」の決議をして、日中両国の関係するところに発表した[30]。

すなわち1909年12月に削除した中国保全を再確認するとともに、一部会員の満蒙独立論を容認しない姿勢を明確にした。

6　日中同盟論

孫文が来日した頃『支那』紙上では、日中同盟論が唱えられていた。それによると清末以来、欧米列強勢力が東アジアに及び、日本が強国となって、中国と欧米の間に入る中で、欧米といえども勝手に中国を植民地化出来なくなった。だが列強諸国は中華民国の基礎が固まっていないため、中国をねらっているので、同じ黄色人種である日中両国の同盟結合が急務である、と述べられている[31]。また孫文を紹介した論説の中でも、「支那保全、日支提携等議論は既に余力を剰すなく、両国の親善提携、進んでは其民族的連合同盟は今や実行如何の問題となれるなり。此点に於て孫氏の来遊夫れ自身が大なる価値あるものなり」と述べている[32]。ただこの記事は孫文の来日の意義を日中同盟という視点から位置づけているが、この段階では、日中同盟の中身は明確ではなかった。

だが第一次世界大戦がはじまり、列強の中国へ圧力が弱まり中国分割の危機が去っていく中で、東亜同文会は従来の「支那保全」すなわち中国の領土保全を堅持しつつ、より中国への政治的、経済的権益拡大の方向へと転換した。一方日本政府は、中国政府の中立宣言を無視して、8月に対独

29　東亜同文会「敬告」(『支那』第4巻第2号、1913年1月)。
30　「同文会の決議」『東京朝日新聞』1913年1月12日。
31　西島函南「大種族団体的競争与中日同盟」(『支那』第4巻第3号、1913年2月) 2–3頁。
32　山口昇「孫逸仙氏」(『支那』第4巻第4号、1913年2月) 26頁。

第 2 章　東亜同文会のアジア主義について

宣戦布告をし、9 月、日本軍は山東半島に上陸し、11 月はじめには、山東鉄道およびドイツの租借地膠州湾の中心地であり東洋艦隊の根拠地青島を占領した。ちょうどこの時期、1914 年 9 月以後、根津一の跡を継いで幹事長となった小川平吉は、以下のように日中同盟を主張している。

　日中両国は、「支那固有の領土を保全」し、それを侵犯するものがある時は、日本は中国と共同して防衛する。中国は各国に対し勝手に政治上経済上その他に関し、特殊な権利利益其他を譲与してはならない、膠州湾の租借地は、中国が自彊実を挙げ、平和維持の責任を尽くすに至れば、期限前でも中国に還付する。以上の内容で日中同盟を結ぶ。そして中国の自彊を図るために、東洋の盟主であり、同盟者である日本は、中国に対して以下の「援助」をする。すなわち「陸海軍の訓練を初とし外交、財政、教育、殖産、司法、交通等行政各部に日本人を招聘せしめ内政の大改革を断行する」、またこの同盟の内容とは別に、「独力を以ってしてもわが国是を推行せざる可からず」とし、南満洲並に内蒙古を日中両国の共同統治の区域となすこと、枢要の地点を経て北京に達する鉄道の敷設、平時並びに変事において必要な経済的並びに軍事的共同設備をなすこと、膠州湾および山東鉄道は当分の間ドイツの権利を継承すること、山東鉄道を延長して京漢鉄道に連絡すること、福建省を貫通して揚子江に連絡する鉄道を敷設することを提案している。そして日中同盟および国是の推行は容易なことではないが、一大威力と一大決心をもってやるべきだと、暗に武力を用いた威嚇策を含む強硬策を提示している[33]。

　小川平吉がこの策を提案したときには、まだ交渉が始まっていなかったけれども、この内容は、戦前日本と中国の関係を悪化させ、中国で大規模な排日運動を引き起こした日本政府の 21 カ条要求の内容と一部は重なるが、それ以上のものも含んでいる。なおこの「援助」策に関連して、清末光緒新政の時に、清朝は内政改革のための多くの留学生を日本に派遣し、あるいは自費で留学生がやってきて、その中には軍人もいて、日本の学校に入学した。また中国の学校教育の中にも多くの日本人教習が招かれていた。しかし中国はそれらの人材を自分ですでに養成しはじめていたし、自

33　小川平吉はこの内容を、1914 年 9 月以来要路並びに同志に論説し、12 月にこれを記述謄写したという。小川平吉「対支外交東洋平和根本策」(『小川平吉関係文書』2、82-84, 86 頁)。

力で内政改革をしようとしていた。小川平吉の主張はこの間の中国側の変化を見誤っていると思う。

7 21カ条要求と袁世凱の帝政運動

このような東亜同文会の認識から、日本政府が袁世凱政府に対して押しつけた21カ条要求について、日中の交渉中の1915年4月、機関誌の論説の中で日本は「支那領土保全を国是と為し、門戸開放機会均等主義を遵守」しており、この要求は「何れも皆至当にして、何等批難し得べき点なき」と述べ、全面的に賛成している[34]。しかしながら中国側は、日本は「中国の領土保全」を名目にしながら青島を返還せず、その上さらなる権益拡大を目指しているととったであろう。

これに対し、根津一は21カ条の交渉中の1914年11月から翌年2月にかけて3回にわたって加藤高明外相に時局意見書を述べて、その中でドイツから攻略した青島に対しては、「龍口上陸点ヨリ青島ニ至ル兵站線路ヲ撤去シ以テ日本ノ支那領土侵略ニ対スル支那人ノ猜疑ノ念ヲ解除」した上で、条件付きで青島を含む膠州湾を中国に返還すること、関東州すくなくとも旅順を中国に返還し、さらにイギリスに勧めて威海衛を中国に返還させ、それらの代償として中国は満洲および内蒙古を列国に開放するという譲歩案を提出した[35]。根津一は外務大臣宛ということもあり、21カ条交渉そのものを否定しているわけではない。

1915年8月、楊度らは籌安会を組織し、中国に共和制度は適さず帝政がふさわしいという宣伝を開始し、袁世凱の帝政運動への地ならしをしていた。日本政府は10月に、袁世凱の帝政に正式に反対する方針を決めた。日本政府の方針と軌を一にして東亜同文会は帝政反対の表明を出した[36]。1916年1月、東亜同文会は、日本の中国に対する地位は「東亜の平和を維持すべき大責任を有し」ているので、「英仏露の態度如何に拘わらず断

---

34 「日支交渉」(『支那』第6巻第8号、1915年4月)。
35 根津一「根津院長時局意見書三編」(東亜文化研究所編『東亜同文会史』霞山会、1973年) 256–260頁。
36 「支那における帝政運動」(『支那』第6巻第19号、1915年10月)。

第 2 章　東亜同文会のアジア主義について

然帝政実行の中止を袁政府に要求すべく若し之に聴従せざる場合には我邦は時局に対し適切なりと思惟する手段を断行すべきなり」[37]と、帝政実行の中止とそのための強硬手段をとることを求め、日本政府内部の強硬論と足並みをそろえた。3月、日本政府は袁世凱を権力の座から排除することを決定し、各地の反袁勢力を支援することにした。その一環として川島浪速と参謀本部第2部長福田雅太郎を中心とした軍人らにより、内モンゴルのババージャル（巴布札布）軍の援助をし、挙兵させる第2次満蒙独立運動が起こされた。この試みに東亜同文会は関与しておらず川島独自の動きであった。だが6月袁世凱が死ぬと、日本政府は態度を変更し、この試みを阻止していった[38]。

8　「対支意見書」と日中同盟論

　ロシアにロシア暦の二月革命が起き、ロシアが帝政から共和制に移行し、また第一次世界大戦の戦局が、アメリカが4月に参戦し独墺などの同盟国側に不利になり、また袁世凱政府に対して提出した21カ条の要求について、福建条項を除いた第5項を削除してすでに受諾させた後の1917年5月、東亜同文会の指導部の一部は当面の対中政策を「対支意見書」にまとめた。これには、小川平吉は署名していないが、評議員の井上三郎、幹事白岩龍平、山内嵓、相談役兼評議員根津一、評議員の宗方小太郎、中島真雄、田鍋安之助が署名している[39]。
　この中で、まず他日の国難に備える「国防計画」と欧州大戦後の列国の経済戦に備える「産業政策」の確立を唱え、そのためには、日中両国は「今後聯ねて一と為し」「共同の国防計画」「共同の産業政策を立てるべからず」としている。そしてこのような認識の背景として、戦後、イギリスがカナダ、濠州、印度、南阿をあわせた連邦的帝国として、日本の三面を抱擁しようとし、ドイツも捲土重来を期している、とする。

37　「帝政中止すべし」（『支那』第7巻第2号、1916年1月）4頁。
38　中見立夫"満蒙独立運動"という虚構と、その実像」（『近代日本研究』第28巻、2011年）96-98頁。なお中見氏は、満蒙独立運動とは実態が乏しく、いわば川島の幻影にしか過ぎないと指摘している。
39　これらの人物の役職については、前掲、東亜文化研究所編『東亜同文会史』555頁参照。

その上で日中の間で、「日支平和同盟」という実質的な軍事同盟を結ぶ準備をすべきだと主張している。その中で中国は「近き将来に強国の侵略を防ぐべき健全な軍隊を建設すべき望みなし」と断定し、英露の精鋭に対抗すべき望みがなく、日本が擁護しなければ、独立を失い一個ないし数個の侵略を受け、その結果日本もその脅威を受けるとし、そのため「従来の保全策に一歩を進め」「平和同盟」を結ぶ、とする。そして「日本、朝鮮、満蒙及び支那本部を合して一個の聯統する防禦地域」とし、外敵に対処し、そのために2国は、「其海上及陸上聯絡を完全にし、其兵器を統一し、其食糧、馬匹、軍器供給の方法を講じ、其海岸及国境要塞を整へ、其軍港及鉄道を築設」すべきだとしている。

　ただ列強が欧州大戦に忙しい中で、日本が独りこのような同盟を結べば、黄禍論の再燃となったり、あるいは共同抗議を受けるので、急速にこのような同盟を結ぶことを避け、当面はその準備をすべきだとする[40]。

　この議論は、21カ条要求で削除した第5号の中に含まれる日中の兵器の統一という要求をさらに進め、「平和同盟」という名の実質的な軍事同盟を結ぶことを要求していた。また後に日中戦争中に提起される英米などの侵略に対抗しての東亜新秩序論と、対象となる地域および論理構造で同様なものを持っていた。

　次に「大陸政策の根脚」である満蒙の実際的経営に着手することを提案している。それは何故かといえば、満蒙が対露作戦の根拠地であるからであるとしている。そして有事の際にも、日本海と瀬戸内海の制海権を確保し、日本と中国本部との陸上連絡を維持するために、日本海に面する「朝鮮沿岸より南満洲並に東部内蒙古を横断して北京方面に出づる数条の鉄道の敷設」、および「満蒙の水田事業を奨励し日韓人の移住」の促進、関東都督のもとでの行政権の統一、遼陽における兵器廠等の設置を挙げ、これらの施設は「日支同盟及対露作戦の基礎を為す」ものであり、既得の権利内で為しえるものが多いので、政府が資本家を誘導してこれらの施設を完成させることを提案している[41]。

　その上で「経済的連携」を主張している。まず第一次世界大戦の交戦列

---

[40] 神谷正男編『続　宗方小太郎文書――近代中国秘録』原書房、1977年、423-425頁。
[41] 同上、425-427頁。

国の貿易政策には、①交戦各国はいずれも自給自足政策を取ろうとする傾向がある、②相互利益主義より敵国産業圧倒の傾向がある、としている。同盟国である英国も領土内に産する綿花、羊毛を日本に輸出することを禁止したり、高額の輸出税をかける可能性が有り、そうなると日本国内の紡績、綿布、毛織物業者が致命的な打撃を受ける。また同盟国である英国、露国、仏国においても、自国で生産できる貨物、必需品でない貨物に対しては、輸入禁止、輸入制限を行い、日本の貿易業者、製造業者に困惑させたとしている。それに対して中国を日本の経済的勢力範囲に入れ、原料の供給者たらしめると同時に、日本の製造品の需要者たらしめ、永久にこの関係を維持できれば、日本の輸出貿易は決して致命的打撃を受けることはないとし、「特に支那と経済的同盟を結び、二国を結合して一と為し、日支の物資を共通して自給自足政策を取る」ことを提唱している。

　ただし、将来、中国が日本と経済同盟を結ばず、米国と結び、米国が対中輸入品に関税を安くしたとすれば、日本の対米生糸輸出は打撃を与えられるし、また中国が対米輸入品の関税を安くしたとすれば（これは最恵国条款があるので、米国だけ関税を安くすることは不可能と思われるが）、日本の輸出貿易及び製造業、産業全体に大きな打撃を与える。中国と米国の経済同盟は成立しやすいが、日本との経済同盟は成立しにくい。その理由は、①日本と中国は、生糸に代表されるように、輸出品において競争の者である。一方中国と米国は、相互に相手国産の需要者である。また中国に最も不足している資本を、米国は最も多く有している。②中国人は、米国を野心なき国家とし、日本を侵略主義の国家とし、米国もまた日本を中国侵略の野心あるとし、また自国の国産を中国に販売する必要があり、中国を懐柔している。このような米中同盟を阻止し、日中同盟を結ぶためには、日本の持つ政治勢力に頼らざるを得ない。政治勢力とは何か。「百万の精兵」を中国大陸に送れる特殊な位置に居る、すなわち軍事力を行使できる地政学的に有利な位置にあるとし、それ故、中国も日本の侵略を疑いながら日本も背くことができないし、米国も対中投資に日本と共同にせざるを得ない。まず政治的平和同盟（実質的には軍事同盟）を結んでから、将来その基礎の上に経済同盟を結ぶとしている。ただし平和同盟も、前述したように急速には結ばないとしており、経済同盟はさらに先のことと

なっている。その背景には、当時、中国は関税の束縛と最恵国条款のため、ある1国と特種の通商条約を結ぶことができないとしている。

それ故、当面は、中国への資金の貸与と投資による事業の経営をするとしている。そしてすぐさま行うべき事業として、高密徐州鉄道のような21カ条要求交渉で利権を獲得した山東省と他省間の鉄道、山東省内の鉄道、さらに21カ条要求交渉で削減した第5項の南昌を中心とした鉄道への投資を呼び掛けている。政府はこれらの事業に民間の資本家・事業家を誘導して保護奨励を加え、中国政府に対して交渉して不法な干渉妨害を加えないようにさせる、としている。これらの要求の背景には、当時中国政府が、地方政府に対して外国資本を入れる場合には、中央政府の許可を受けなければならないとし、利権の譲渡を阻止しようとしているからである、としている[42]。

これらの背景には、21カ条要求交渉の中で、中国側のナショナリズム運動を惹起し、激しい反日のボイコット運動などが起こり、そのような運動が政府の政策に影響した結果であろう。

それらに加えて、「精神的聯盟」の必要を主張している。その紐帯となるのは、「孔孟の道」であるとし、今次孔孟の故郷である山東がわが勢力範囲に入ったので、山東に儒教大学を起こし、卒業生を全国各学校の倫理科教師とし、また日本で湯島の聖堂を復興し、卒業生は全国の各学校の倫理科、もしくは漢文科教師とする、とした。また中国の重要地点に学校を設け、日本に留学生教育に力を用いる、としている。

蒙古に対しては、仏教をもって両国民の精神的結合を謀る、としている。

そしてこれらの策を実行する準備として、日本国内では、第1に、国論を統一し、官民一致挙国、力を合わせ、第2に、資本家や事業家を連結し協同して事に当たる。その場合に一大シンジケートを作り、借款はシンジケートが引き受け、満蒙および中国本土の事業にあたる。中国に対しては、政府は「支那の一切の疑念を去らしむる必要あり」とし、故に政府は、中国本土侵略の意思のないこと、平和同盟は日中2国の安全を保ち、東洋の平和を守るものであること、満蒙の経営は、中国保全、また日中の連絡上

42　同上、427-432頁。

やむを得ないこと、経済的連携は、相互の利益であることを、声明すべきであるとしている。さらに民間でも中国の世論を誘導するために、日中の間で有力者が相互に往来して意見を交換すること、中国の要地に「漢字新聞」を設立すべきであると述べている[43]。

このように「対支意見書」は、前述した小川平吉の同盟論の議論をさらに発展しているが、ここでは、第一次世界大戦後、欧州列強の中国への影響の増大に備えるという長期的な見通しの上で、当面は日中間の実質的な軍事同盟を結ぶ準備をし、満蒙の実際的経営の着手、さらに経済的連携、精神的連盟を主張しており、軍事同盟、ならびに経済的同盟を結ぶのは、将来のこととしている。

なお翟新氏は「対支意見書」について、平和同盟（実質的な軍事同盟──筆者）、経済的同盟、精神的同盟の3つの案が提示されたとしているが、そもそも精神的同盟ではなく、「精神的聯盟」であり、また当面は平和同盟（実質的な軍事同盟）を結ぶ準備をし、また経済的連携をすることを強調しているのである。その他に、「積極的対中政策を奉じたといわれる寺内内閣においても、中国における日本の権益を確保するために、中国の内政には触れぬということで中国世論の反発と列強の猜疑を回避する策をとっていた」のに対し、この「中国内政への関与を強調していたこの同盟案は、寺内内閣の中国政策と対照的であった」と述べている[44]。確かに寺内内閣は表面的には、21カ条要求のような権益要求策を出さなかったが、その借款供与政策は、南北政府の対立の中で、北京政府の武力統一を支援することにより中国の内政に間接的に干渉し、また後述するように、ロシアの十月革命の勃発によるソビエト政権の成立及びその影響力の拡大という極東の大きな国際情勢の変化により、積極的に実質的な軍事同盟を結んでいるのであり、翟新氏の評価とは異なる。前述したように「対支意見書」は、第一次世界大戦後の西欧列強の増大に備えて積極的な内政関与案を提案しているように見えるが、同盟策は長期的に目指すことであり、当面はその準備を進めるとし、特に経済的連携、とりわけ民間による資本貸与と資本家・事業者による投資を重視している。

43　同上、432頁。
44　前掲、翟新『東亜同文会と中国──近代日本における対外理念とその実践』207-208頁。

ところで「対支意見書」では将来の事とされた実質的な日中の軍事同盟が、東亜同文会とは関係なく、その構想も異なるが、国際情勢の大きな変化に応じて、翌年、寺内内閣の軍部（陸軍と海軍）と段祺瑞政権との間に、日中軍事協定（当時、「日支共同防敵軍事協定」と呼称された）が結ばれ、実現することになった（ただし時限的なものであるが）。その間の日中の政治状況、および国際情勢の変化について少し詳しく述べる。

　この間、中国では、袁世凱の死後、1916年6月、安徽派軍閥の段祺瑞が国務総理となった。段祺瑞政権は、アメリカに勧められ、1917年3月、ドイツとの国交を断絶した。その後第一次世界大戦への参戦について、国務総理段祺瑞は賛成であったが、大総統黎元洪や国会は反対し、5月、黎元洪により段祺瑞が罷免されたが、張勲の復辟事件後、8月に段祺瑞は再び国務総理となり、ドイツ、オーストリアに対して宣戦布告をし、参戦軍の育成を図るとの名目で自己の軍事力の拡大を目指した。一方、段祺瑞の政策に反対する西南軍閥と孫文が結んで、9月、護法を掲げて広東軍政府を組織し、それに対し段祺瑞政権は、武力で中国を統一しようとした。

　一方、日本では1916年10月に成立した寺内正毅内閣は、大隈内閣の21カ条要求のような露骨な利権要求策による日中関係悪化に対して日中の改善をはかろうとした。だがその段祺瑞政権を援助する「援段」政策は、結果的により中国を日本の従属化におかせ、さらに南北対立の中で南方の広東軍政府を武力統一しようとする北京政府を支援し、中国の内政に干渉することになった。まず1917年1月以後、数回にわたって計1億4,000万円の西原借款が、段政権に供与された[45]。さらに1917年12月と1918年1月の2度、日本側の泰平組合と段派の陸軍総長段芝貴との間で、兵器供給契約が結ばれ、日本の武器輸出、すなわち武器援助が行われた。

　国際情勢では、1917年11月、ロシア暦十月革命が起こり、レーニンの率いるソビエト政権が成立し、12月、ドイツと単独で休戦し、シベリアにおけるドイツ、オーストリア勢力の拡大が懸念されるようになった。それとともにシベリアでは、各地にソビエトが樹立され、権力を掌握していった。また北部満洲では、革命に呼応した過激派分子が暴動を起こしハルピ

---

[45] 中島嶺雄編『中国現代史——壮大なる歴史のドラマ』有斐閣、1981年、61-62頁。

ンの治安が悪化し、12月、中国軍が鎮圧に出動した。

　このような極東の国際情勢の大きな変化に対応して、前述した「対支意見書」の実質的な軍事同盟策とは構想も異なり、また全く関係なく、参謀次長田中義一中将を中心として1918年1月以来交渉が行われ、1月に中国各地に日中の共同の諜報機関の設置に調印し、その後寺内閣下の軍部（陸軍と海軍）と段祺瑞政権との間に、5月に日中軍事協定（当時の呼称によれば「日支共同防敵軍事協定」）という実質的な軍事同盟が結ばれた。そこではすでに実施されていた武器の供与、情報の交換のほかに、北部満洲、蒙古、シベリアにおける日中両軍の共同行動を決めていた[46]。また武器の供与は21カ条要求で取り下げた第5号要求を実現したものであった。そしてこの協定がもとになり、日中両軍は8月以後、シベリア出兵を開始した。

9　日中共存論

　第一次世界大戦末期から、東亜同文会は日本の主導下での日中同盟論から、経済的相互依存関係を基軸とする日中共存論に転換した。

　すなわち東亜同文会は1918年2月に発表した論文の中で、北方の北京政府と南方の広東軍政府との南北の対立の中で、どちらにも援助すべきではないと述べ、寺内内閣による北京政府援助という内政干渉政策を批判したうえで、列強の分割に反対し「支那領土保全」を国是としつつ、中国での商工業発展に努めるべきだと述べた[47]。その後1918年9月の寺内内閣の辞任と原内閣の成立を経て、1920年11月に発行された『支那』誌上に発表された論文の中で、国と国、民族と民族の関係の基調である経済問題を基調とする日中共存を論ずべきだとし、1919年の五四運動で激烈な日貨

46　横山久幸「一九一八年の日中軍事協定と兵器同盟について」（『上智史学』61号、2006年11月）56-57頁。なお本論文は、軍事協定の交渉の過程で、日本側の従来の兵器同盟策が挫折したと述べている。前掲、中島嶺雄編『中国現代史——壮大なる歴史のドラマ』61-62頁。なお日中軍事協定案については、外務省編『日本外交文書』大正7年第2冊上巻、外務省、1969年、267-393頁に関連する史料が集められている。そのうち「日支陸軍共同防敵軍事協定」は、367-371頁、「日支海軍共同防敵軍事協定並同説明書」は、375-379頁、「日支陸軍共同防敵軍事協定実施ニ要スル詳細ノ協定」は、390-392頁に掲載されている。
47　「対支政策の根本義」（『支那』第9巻第4号、1918年2月）1-4頁。

排斥が行われたが、それでも前年に比較して、日中貿易総額は4,000万両増加し、中国の対外貿易総額の3割5分を占め、また日本商品の中国輸入額も増加額は前年に比べて減少したが、それでも800万両増加したところに、日中両国の経済上の共存の運命と原則が存在しているとした上で、日本はその製品の販路を中国に求め、中国はその原料の需要地を日本に求めることによって、相互に利し、相互に共存を図っていることが、経済関係の重要な内容であり、日中共存の意義であるとしている[48]。そしてさらに、日本は、中国側の不平等条約撤廃の願望を達成させるべきであり、中国は、日本側の輸出入の自由、資源開発に就いて便宜を与えるべきであるとしている[49]。

このような経済相互依存関係を基軸とする日中共存論の枠組みで、東亜同文会は1920年代の日中関係の諸問題に対処していくことになった。

おわりに

ここで本稿で述べたことを簡単にまとめておきたい。華北で8カ国連合軍と清朝軍および義和団との戦争状態であった1900年6月以後、近衛篤麿をはじめとする東亜同文会の首脳部は、「連邦保全論」に基づき、北方での大乱の中で統治能力を失いつつある清朝とは別に、南方の総督劉坤一、張之洞、李鴻章に働きかけて独立させ、それらにより連邦を樹立し、それが中国を統一して、それを日本の保護国にするという南北二分の構想を実現しようとした。そして東亜同文会の会員は、この時期、①南方総督への独立勧告工作、②立憲政府を目指した唐才常の自立軍蜂起への援助、③孫文らの革命派の広東省恵州での蜂起への参加を行った。ただし東亜同文会の首脳部は②には冷淡であり、③には反対した。その背景には、7月、ロシアが満洲占領を行うと、東亜同文会は中国南方での蜂起より北方でのロシアの動きを重視し、8月、再度「支那保全」を確認して「連邦保全論」を放棄したからである。

創立期の東亜同文会の諸事業推進にあたって、南京同文書院および上海

---

[48] 「日支共存の運命」(『支那』第11巻第10号、1920年10月) 1–2頁。
[49] 根岸佶「日本の対支政策は如何にすべき乎」(『支那』第17巻第11号、1926年11月) 11頁。

第 2 章　東亜同文会のアジア主義について

の東亜同文書院の創立にあたっての劉坤一の協力、また清国人留学生の教育組織である東京同文書院の創立期における張之洞による留学生の派遣など南方の総督との関係が深かった。東京同文書院は中国人の留学生に日本語と普通学を教えてより上級の学校に入るための教育施設であったが、全体で3,000人以上が入学し、彼らは帰国して中国の近代化に貢献した。その他に1906年から1908年にかけて、ベトナムの独立運動家ファン・ボイ・チャウの興した東遊運動（ドンズー運動）により日本に来たベトナム人留学生への教育を行った。また光緒新政期の清国の教育の近代化のために、教習を派遣するなどの支援を行った。

　1909年12月、東亜同文会は中国人に評判の悪い「支那の保全」などの発会決議を削除するなどして、中国に融和的な姿勢を示した。その背景にあるのは、日本への清国人留学生の減少と中国における日本人教習の衰退であった。

　辛亥革命直後、日本軍の参謀本部第2部長であった宇都宮太郎は、列強の分割を避けながら日本の影響力を確保するという「支那保全論」に基づき、中国を北方の清国と南方の革命派の共和国に分割させ、日本はその両国を調停し保護国と同盟国にし、満洲問題を解決するという南北分割を、日本政府の方針とは別に、実行しようとした。そして革命派援助のために南方の各地に軍人を派遣するとともに、清朝側にも板西利八郎を派遣した。東亜同文会幹事長であった根津一もこの構想に呼応し、南方の各地に人を派遣し、南方の各省を共和国として独立させようとした。また宗方小太郎も南北分割して、それを以て革命軍政府を承認することを海軍軍令部に進言した。これらの南北分割の工作は1912年2月、清朝が滅亡して南北が統一することで途絶したが、宇都宮太郎は南北統一の前後、川島浪速と日本軍の特務機関の軍人により、満蒙を分離独立させそこに清朝を存続させるという第1次満蒙独立運動に関わったが、これは日本政府の命令により中止となった。その後、1913年1月、一部の東亜同文会評議員の間で満蒙独立論が唱えられた時、東亜同文会は評議員会で1909年12月に削除された「支那の保全」を再確認し、一部会員の満蒙独立論を容認しないことを明確にした。

　第一次世界大戦が始まり、列強の中国への圧力が弱まり中国分割の危機

が去ると、従来の「支那の保全」を堅持しつつより積極的に中国への政治的、経済的権益拡大をめざす「日中同盟論」が出現した。当時の小川平吉幹事長の「日中同盟論」の意見は21カ条要求の内容と一部が重なるのみならず、利権獲得という点では、それ以上のものも含んでいた。そして東亜同文会は21カ条の要求に全面的に賛成したが、根津一は日本政府の要求内容について批判し、譲歩案を当時の加藤高明外相に提案していた。袁世凱の帝政運動に対しては、東亜同文会は1915年10月、日本政府内の方針にあわせて帝政反対を表明するとともに、翌年1月には、英仏露の思惑に関係なく帝政実行の中止と強硬な措置をとることを求めた。そして日本政府は反袁世凱運動を援助して、陸軍参謀本部と川島浪速らの第2次満蒙独立運動を支援した。1917年5月、東亜同文会の指導部の一部がまとめた「対支意見書」は、小川平吉の日中同盟論の議論をさらに発展しており、ここでは、第一次世界大戦後、欧州列強の中国への影響の増大に備えるという長期的な見通しの上で、「支那保全策」を一歩進め、日中間の実質的な軍事同盟を結ぶ準備をし、満蒙の実際的経営の着手、さらに経済的連携（とりわけ民間による資本貸与と資本家・事業者による投資を重視）をし、精神的な連盟を行うとし、そして実質的な軍事同盟が結ばれたら、将来的には経済的同盟を結ぶとしているように、実質的な軍事同盟、ならびに経済的同盟を結ぶのは、将来のこととしている。当時の寺内内閣の対中政策は、発足直後は直接的に利権拡大を求めての中国の内政に関与することをしなかったが、その援段政策は、借款の供与や武器供与を通じて北京政府を支持して、南北政府の対立の中で、間接的に中国の内政に関与した。またロシアの十月革命以後の極東の国際情勢の変化により、東亜同文会の構想とは別に、実質的な軍事同盟である日中軍事協定を結び、直接的により中国の内政・軍事に関与し、これをもとにして日中両軍はシベリア出兵を行った。

　その後第一次世界大戦が終わる前後には、寺内内閣の辞任と原内閣の成立を経て、東亜同文会は、「支那の保全」を前提としての経済的相互関係を基軸とする「日中共存論」に転換した。

　このように東亜同文会の「支那の保存＝中国領土の保全」の理念に込められる内容は変遷をしていったが、初期の義和団事件の時の「連邦保全論」

のように、欧米列強の中国分割に反対しながら日本の影響力や権益を拡大するという性格が強い。その点では辛亥革命期の南北分割論も同様である。そしてこのような「中国分割」の行動を中止した後に、「支那の保全」の表明が繰り返されている（ただし、このように東亜同文会およびその関係者が、積極的に中国の政治に関与しようとしたのは、義和団事件期と辛亥革命の動乱期に限られており、それ以外の時期は、中国の政治に関与することに距離を置いていたことは、指摘しておきたい）。そして第一次世界大戦の勃発によるヨーロッパ列強の中国分割の可能性の減少とともに、日本が中国への積極的な権益拡大を狙い、「支那の保全」を一歩進めた「日中同盟論」の提起や東亜同文会としての21カ条条約賛成論が出てきた。その後第一次世界大戦の終結前後に、また「支那の保全」を前提としての経済的相互関係を基軸とする「日中共存論」に転換していった。

　ただ他面において東亜同文会の事業、例えば中国人向けのものに限定しても、中国人留学生向けの東京同文書院は中国の近代化のための人材養成を果たしたし（短期間であったがベトナムの独立運動家を養成しようとした）、また教習の派遣など中国の教育の近代化のための行動を行った。この点ではアジア（とりわけ中国）と連帯し、アジアの発展に尽くすという役割を果たした。

　そしてこの二面を持ちつつ、日中戦争期からアジア太平洋戦争期（この時期になると第一の側面が大となっていったが）まで東亜同文会のアジア主義は引き継がれていった。

第3章

宮崎滔天と孫文の広州非常政府における対日外交

―― 何天烔より宮崎滔天への書簡を中心に

　　　　　　　　　　　　　　李　長莉（佃隆一郎訳）

はじめに

　孫文〔訳注〕の日本の友人であった宮崎滔天(とうてん)（1871-1922）は、清朝の帝制を覆し共和制を打ち立てた辛亥革命を指導した孫文を全力で支援した。その事跡は歴史の記録に著わされていて、日中両国ですでに広く知られている。しかし辛亥革命ののち、とりわけ孫文が中国国内で軍閥の統治に反対する革命運動を継続して行なっていた時期に、宮崎滔天と孫文の革命運動との関係はどのようであったかということについては、歴史的な記述はかえって少ない。その大きな原因の一つに、記載されている史料が少ないということがあり、一般人にとってはその史実を理解しようがないところにある。このため、孫文が帰国して革命運動にあたっていた時期に、宮崎滔天と孫文の活動との関係はどうであったかや、空白期間のもとで宮崎滔天は、孫文の革命運動とは疎遠になったのか否かについては、歴史書での記述はきわめて少ない。例えば、1920年11月から1922年6月にかけて、孫文が広東省広州で中華民国非常政府樹立〔最初、孫文は軍政府を復活したが、その後国会非常会議で大総統に選出され、1921年5月に就任した。〕を指導していた時期は、孫文の革命運動後期の一つの高潮に達していたのであるが、宮崎滔天も生涯の最後の段階を迎えており、この時期の宮崎滔天と孫文の革命

〔訳注〕　原文では一貫して「孫中山」とあざ名で表記されているが、日本での慣用上「孫文」と本名で訳すことにした（ほかの人物にも適用）。文中での訳者の注記は〔　〕内に示す。

運動とはなおも結びついていたのか否か、宮崎はなおも動いていたのか、何か役割を果たしたのか、これらの点については、いっそう歴史の記述には見出しがたい。ならばこの問題は、宮崎滔天と孫文の革命との関係や、宮崎の「連華興亜」思想と中国での革命運動の進展と帰着への参画、それに孫文の革命と日本との関係についてという各点を理解することは、いずれも価値があり、それゆえに探究に値するのである。

筆者は近年、宮崎滔天の子孫および、孫文の秘書であった何天炯(かてんけい)の子孫が収蔵していた、何天炯が宮崎滔天に送った郵便書簡の一群[1]を収集した。それは主に1914年から1922年にかけて、中国国内で何天炯が宮崎滔天に書き送ったもの[2]であって、何天炯の筆により、宮崎滔天がこの時期に孫文の革命に関係していたことの一端が映し出されている。本稿はこれらの資料を主要な依拠とし、加えてその他の資料を参照して補完したものであって、同時期の宮崎滔天と孫文政権との対日外交面での関係を解きほぐすことで、上述した各問題への解答となりうることを期するものである。

1 何天炯と宮崎滔天

何天炯（1877–1925）は、広東省興寧の出身であり、1903〔明治36〕年の日本留学時に黄興・宋教仁らと知り合ったことで、革命運動に参加し、日本に留学していた中国人学生の革命運動を支援していた宮崎滔天とも知り合いになった。1905年滔天らの人的な取り持ちのもとで、孫文・黄興が東京で結成した中国同盟会に、何天炯は真っ先に加入して、創立時の会員の一人となり、会計と広東支部長の役職を兼任した。1907年に孫文・黄興は相次いで日本を離れ南下して武装蜂起を策動し、何天炯は東京本部の留守役となり、宮崎滔天と共同で借款や武器弾薬を購入し輸送する計画や、

---

1 これらの資料をともに提供してくださった宮崎滔天・何天炯両人のご子孫ならびに、これらの作業に支援・援助を下さった日本女子大学久保田文次名誉教授に対し、謹んで感謝申し上げる。

2 これらの資料はなおも未公開であるが、その中の何天炯と孫文との関係の内容を楊天石・狹間直樹「何天炯与孫中山―宮崎滔天家蔵書札研究」（『歴史研究』1987年第5期）が以前一文を引用していたほかは、利用例は見られない。

第3章　宮崎滔天と孫文の広州非常政府における対日外交

蜂起の人員の転送や後詰めなどにあたった[3]。何天炯と宮崎滔天は意気投合し、「先生」「友人」「兄貴」として互いにもてなし、深厚な友誼を結んだ。第二革命の失敗後、孫文・何天炯らが再度日本に亡命していた間には、何天炯は宮崎家に長期間滞在したこともあった。孫文と黄興との間で、中華革命党の成立〔1914年東京〕にあたって党内分裂が起こった際には、二人は孫・黄の古くからの友人と同志として行き来して調停につとめ、孫文のやり方に不満を抱いていた人たちをとりなした[4]。これによって二人は確かな同志となり、思想が接近し、感情が親密な知己として交流するようになった。1915年〔大正4〕よりのち、何天炯は中国国内に戻って活動したが、1922年に滔天が世を去る前夜まで、両者は密な通信や連絡を保ちつづけた。宮崎家に現存する中国の友人との書簡のなかでは、何天炯からのものが最も多く、100点余りに達しており、二人の関係の親密さがわかる。何天炯のこれら書簡のなかでは、幾多の個人および革命党の情況が述べられていて、中国革命に関心を寄せつづけた滔天の情況や、一方で滔天に助言や相談、ならびに援助を求めていたことがわかる。その中には、ほかの資料には記されていない内容もあって、関連の史実をある程度補完しうるものがある。

　孫文が指導した中華革命党は1916年に、国内で革命運動を行なうことに転換し、まず上海を活動の本拠地にして、1917年から1918年の間に南下して広州に軍政府を成立させ、護法〔1912年3月に定められた臨時約法の護持〕運動を推進したが、その後は軍閥の排斥を受けて上海に戻り、孫文の革命事業は再び低調に陥った。しかし1920年10月に、南方軍政府に所属していた陳炯明の部隊が広州を占領したことで、国民党の勢力は広東省で盛り返し、孫文は再度広州に南下して、政権樹立を準備し、そこに足場を固めて北伐を進め、北京軍閥政府に取って代わることで全国を統一することを求めた。孫文の革命事業はこうして再度の転機を迎えることになり、何天炯は孫文の党本部の中核メンバーとして、おのずから広州に同行し、そこでの仕事に参加することになった。何天炯が孫文より日本で同国との外交事務を担当するよう託されたことにより、彼は宮崎との文通にこの関連の

3　李長莉「何天炯与東京同盟会本部」（『近代史研究』2012年第3期）参照。
4　前掲、楊天石・狭間直樹「何天炯与孫中山―宮崎滔天家蔵書札研究」参照。

内容を少なからずしたためたのであって、この時期の宮崎と孫文との対日外交での関係がこれら文中からうかがえるのである。

2　孫文政権及び対日外交への関心

　陳炯明軍が広州を占領したのち、孫文はただちに上海の本部メンバーを召集して広州進駐、軍政府の復活と内政の展開、それに一連の外交活動についての計画を協議させた。1920〔大正9〕年11月14日、何天炯は上海より宮崎滔天に書簡を送り、広東での革命の局面と孫文の来粤〔広東省の略称〕計画を述べた。その手紙には、

> 広東での局面は、すでにわが党の範囲に入ってきていて、孫文先生の案では二週間以内に唐（紹儀）・伍（廷芳）両君をともなって来粤して、もとの軍政府を現状のまま維持し、そのあとに逐次改良をしていくことで発展を期す。[5]

と記されていた。何天炯はこの情勢を「まさに辛亥革命以来、いまだなかったチャンス」と見なし、歓喜雀躍の情念が文言にあふれている。彼は続けて、孫文が自分を日本に行かせて活動させようと考えていることや、自分の帰粤計画に言及して、代わりに滔天に東京方面の動静を観察させることを要請していた。先の手紙では何天炯は続けて、

> 孫文先生のご意志としましては、帰粤を待ったのちに、組織が端緒についたところで、小生を東〔日本の意〕に遣わすことによって、貴国の朝野人士と、ともに東亜の大局の前途を協議することであります。小生は国家の維持については、まず内政があって、そのあとに外交があるものと思いますし、わが党が堅固で公明正大な団体になるならば、世界の外交はみな変化しましょうから、どうして日本だけ変わらないことができましょうか。ゆえに小生は近いうちの帰粤を考えていまし

---

[5]　「何天炯の宮崎滔天への書簡」は宮崎滔天家蔵。以下引用する何天炯より宮崎滔天への書簡はすべて、この注と同じものであることから、重ねての注記はしないことにする。

第3章　宮崎滔天と孫文の広州非常政府における対日外交

て、各方面の具体的な状況を観察し、ある時は救援を、またある時は展開をしたのち、今後の出方を決める所存でして、孫文先生も大いに賛成しておられます。このため小生は一週間後、いったん汕頭(スワトウ)に戻ってから、そのまま広州に行くつもりです。東京でのいっさいの具体的情況を、以後先生は随時報告して下さることを強く望んでおりまして、固唾を飲んでお待ちいたしています。

と記した。最後に彼は滔天に、

ただこのことが事実となる前に、他人には話さないで下さいますようお願いします。さもなければ幾多の阻害に遭い、公私両面で利益ないと、先生も前からお考えでいらっしゃるようです。

と、この計画はとりあえず秘密にしておくよう念を押した。

　何天炯は期日どおりの1920年11月下旬に広州に南下し、孫文らも11月28日に到着すると、すぐに護法軍政府の再建に着手し、同時に外交活動を展開し、国際的承認を勝ち取ろうとした。同年12月21日に何天炯は宮崎に書簡を送り、孫文が自分を日本に派遣して活動するように任せているが、自分自身は困難に感じていることを述べ、

同時に英・独・米がそれぞれ代表を一人ずつ派遣している。小生の東行〔上述したように「日本行・訪日」の意。以下そのように訳す〕のことは、だいたい来年の一月中旬まで待ったのちにしていただけることを余儀なくされています。孫先生はこの問題を政府にとってきわめて重大なものと見ているため、小生はこの難局を打開しないわけにはいかず、あなた様方に手助けを心からお願いします。

と、宮崎に協力と援助を求めた。1921年1月5日に、何天炯が広州より宮崎滔天に送った書簡では、孫文がたびたび催促しても、自分が日本に行く時期が決められない原因は、その機が熟していないと自ら認識していることにあるとし、ならびに日本政府の情況について意見を求めてもいる。

85

文中には、

> 小生が日本に行く時期は、今もなおまだ確定していませんが、孫文先生は常に小生を早く行かせようとしておられるものの、ただ小生の個人としての愚見では、正直まだすぐに賛同することはいたしかねます。なぜなら昔も今もあまねく外交は、無礼な態度を見せてはならないからです。小生の愚見としては、最低限にも総統選挙が完了するまで待たなければならず、そのあとでも外交のことは言うに足ります（総統選挙は、一か月後には成功を告げるでしょう）。あなた様の意はうかがっていませんが、いかがでしょうか。東京の情勢はなおも常に知らせて下さいますことを望みます。

と記されていた。続く1月25日に、何天炯が宮崎に送った書簡では、党内の大多数も早すぎる日本行きは不要であると等しく主張していて、日本政府の軽侮を招かないようにすることが再度説明された。その文中には、

> 孫先生は和田からの二十二日の来電を受け取ってから、速やかに代表を派遣しなければならないと言っています。ただし同僚もみなこの度の民党再興について、対内・対外の両面で、ひとしく慎重にことを進めるべきと思っています。目下のところ貴国政府は、実際民党の考えを害していますから、むやみに代表を送ってはならず、さもなければ人々に軽侮の念を抱かせることになると考えています。

と書かれていた。何天炯は中日関係の悪化が心配になり、二人が共に執心していた「中日連盟」の理想の実現は困難になったとの憂慮を抱き、日本政府が力に任せて中国を欺こうとしている政策から、事態を好転させるかどうかは甚だ望みが薄いとして、

> 年来日中両国民の感情は、劣悪の極みにあって、小生はあなた様とともに中日連盟の主張を持っていますが、いつの日に実現するのかわからず、思うに憤慨にたえません。しかし時期はすでに刻一刻と来てい

第3章　宮崎滔天と孫文の広州非常政府における対日外交

て、もし貴国政府が力に頼るようにやっていくのなら、人類の幸福につながるようなことは、きっと望めないでしょう。

としたためた。

　孫文は広州軍政府を早急に立脚し合法的な地位を得させて、北方政府が正統政府であるとの国際的イメージを変えようとして、国際的な承認と、外国の政治と経済の両面での支持を得ることを早急に求めた。彼には日本政財界と深く厚い関係を持っているとの自信があったことから、日本に非常に大きな希望を抱いていて、そのため何天烱にできるだけ早く日本に渡って活動することを催促した。しかし何天烱ら各人は、早すぎる行動はかえって侮りを招くからよくないと考えた。最後は折衷的な方法として、孫文と何天烱らとの討議ののち、日本政財界に広汎な人脈や関係を持っていた日本人の旧友宮崎滔天らを広州に招いて、宮崎らに軍政府に代わって日本政財界への期待を伝えてもらい、あわせて日本で活動してもらうことを提案した。２月６日、孫文は何天烱に宮崎への電報を送らせ、広州への訪問を招請した。８日、何天烱もまた広州より宮崎に書簡を送り、再度孫文の招請を、もう一人の旧友であった萱野長知にも含めて伝えた。その文中には、

　　二月六日に送りました、貴方にお越しいただきたい電報は、受け取られたかどうかはわかりませんが（これは高野〔〔筆者注〕孫文の日本名〕先生のお気持ちです）、……萱野兄は今ご自宅で悠々自適なのでしょうか。広東に来るお考えがあるとお聞きしていますが、貴方には萱野兄にお願いしてご一緒に広州までお越し下さりたいものです。旧友が喜んで集まることは、とりわけ慶賀の至りです。広東の局面は無事であり、発展の希望があるので、どうぞご安心下さい。

と記されていた。

　この時期より何天烱が連日宮崎に送った書簡の状況からは、宮崎の身が一貫して日本にあって、大海を隔てていたのであっても、何天烱からの密な連絡を通じて、宮崎が孫文の革命事業の進展をつぶさに注視していたこ

とや、宮崎の広東での政局への理解と、孫文政権の対日関係の動向が看取される。また同時に、孫文が何天炯を広州政府の代表として日本に派遣して活動させることが難しくなった情況のもとで、孫文らによって何天炯が革命政府の対日外交での重要な依頼人に選ばれていたこともわかるのである。

3 孫文との面会と「民間外交使節」

　宮崎は孫文・何天炯からの招請の書簡や電報を続けて受けたことで、ついに萱野長知と話し合いをまとめ、1921〔大正10〕年2月末に中国へ向けて出発することになり、上海経由で香港に着いたあと、3月12日に広州に到着した。宮崎がこの道中を記した「広東行」の一文には、宮崎らを迎えに来た何天炯に、そのまま連れられて孫文と会見した情景が描写されている。それによれば、3月12日の早朝6時、船は広州に到着し、何天炯と弟が彼らを迎えに赴いて、案内した亜州大旅館にともに宿をとった。そこで手配された良い客室で、腰を下ろすやいなや、何天炯は宮崎ら二人に「日本での形勢はどうですか」と問いかけ、二人は簡潔に説明した。そのあと、何は宮崎らの質問を待たずに広東の現状を述べた。宮崎は、

　　平素われらが信頼している何君が率直に説明する広東の状況は、われわれが東京にいた時想像していたものと同じで、各種の報道記事によるいささかの不安は一掃された。

と記している。朝食後、何天炯は宮崎と萱野の二人を帯同して軍政府へ行き、孫文に謁見した。宮崎は、

　　応接室でほどなく待ったのち、孫文がやってきて、一同と熱く力強く握手をした。私は手を握って詰め襟の洋服を着る彼を上から下まで見て、彼が成功すべき運命を担っていることを直感した。

と記している。その当時、日本の新聞には孫文の「赤化」と親米活動を批

第3章　宮崎滔天と孫文の広州非常政府における対日外交

判するものもあったが、宮崎らがこのことを孫文に尋ねると、彼は、

> 世界は変化しているが、中国国民が中国国民であるのに変わりはない。時代の変化にともない、思想は多少の進歩があっても、まさしく実質上は、中国はやはり中国なのだ。
>
> 私は長年われわれが主張してきた三民主義を変える必要があるとは考えておらず、この主義の徹底した実行を決心するものである。いわゆる親米などの言葉については、私は自分から多くを説明する必要はないと思っているが、もしこのことに懐疑的な人がいるのなら、私は日本当局の態度を問うべきだと思う。

と答えた。孫文の態度に理解を示した宮崎は、日本政府の対中政策を、

> 大隈内閣が提示した21カ条要求はきわめて不当であり、寺内内閣の北方援助主義もまったく無茶である。そして商売人はただ利益を図るのみであって、一般国民もきわめて傲慢になった。一国の国民がこのような侮辱を受ける理由などない。

と批判して、さらに中国の民衆を排日の挑発者に導いた責任は、日本の劣悪な外交と原敬内閣の無能さにこそあると指摘した。宮崎はこの談話の内容と経過を「広東行」と題し、『上海日日新聞』に連載した。この時の孫文との数年の月日を隔てた会見に、宮崎は感慨を覚え、

> 別れてから日はたち疎遠になり、久しく会うことがなかったことで、知己を疑い考えこんだりしたが、これは凡人の浅はかな思いであった。世の中は常に情でもつものであり、今や百聞は一見にしかず、広州に着いた日に、いっさいのことは納得する形で氷解した。[6]

---

6 「広東行」宮崎龍介・小野川秀美『宮崎滔天全集』第一巻、平凡社、1971年、572, 587-588, 624頁。俞辛焞『孫中山与日本関係研究』人民出版社、1996年、245頁。

と記している。この孫文との面会と会話によって、宮崎らは孫文が三民主義の理念をこれまで通り堅持しつづけていることを理解し、宮崎が広州に来る前に心中に抱いていた、いささかの疑念は解消された。

　2日目の3月13日、何天炯は宮崎をともない、2人で黄花崗の七十二烈士の墓への参拝と国民党党部などへの訪問をして、晩に孫文が広東軍政府で開いた宴会に招待され赴いたが、同席者には張継・孫洪伊・胡漢民・汪兆銘・馬君武・廖仲愷らもいた。席上で宮崎と萱野が翌日に帰国することを伝えると、孫文は、

　　早く帰って、あなた方が見聞きしたことを日本の友人たちに伝えて下さい！[7]

と言った。明らかにこれは、宮崎らが広州政府の「民間外交使節」となって、日本で代わりに活動することを要請するものであった。翌14日に何天炯は、宮崎と2人で軍政府まで孫文に別れの挨拶をしに行ってきたのち、萱野ともども一緒に広州から香港まで乗船し、そこから宮崎と萱野の両名はさらに乗船して、上海経由で日本に帰国した[8]。

　宮崎と萱野の2人が去った数日後の3月20日に、何天炯は広州から宮崎に手紙を送り、宮崎・萱野に対して日本が広州政府に協力することを斡旋するよう希望した。その手紙には、

　　あなた様方のこのたびの慌しい行き来は、中日両国の人士の多くが誤解をしていますが、そのことは甚だ驚愕するにはいられないものであり、まことに一笑するに忍びません。……東亜の風雲はまさに急を告げていまして、ここでわが党が活動できるかどうかは、両先生のお力にかかっており、吉報をお待ちしています。

と書かれていた。3月30日、宮崎は東京に戻り、同日刊行の『神戸新聞』に掲載された談話「最近の広東の情況」で、概ね、

---

[7]　「宮崎滔天年譜稿」段云章『孫文与日本史事編年』増訂版、広東人民出版社、2011年、624頁。
[8]　前掲、「広東行」。

第 3 章　宮崎滔天と孫文の広州非常政府における対日外交

香港・広州は従来排日運動の中心地とされていたとしても、現在はすでに排日の声を耳にすることはなく、しかも非常に親日的な傾向が現出してきているのであって、これは今回の旅行中最も愉快に感じたことである。現内閣の不干渉主義という美名の対華外交は、実際は少しも積極的な政策ではなく、成り行き任せな主義である。しかしまさにこのような主義は、人を喜ばすような現象をも引き起こしている。ここから出される結論は、対中外交政策をさらに確定し、誠意をもって対処さえすれば、日中親善というようなことは、実際たやすく実現するものである。このことから、一目瞭然で見つけさせられる事実がまだある。それは、寺内内閣の段祺瑞への援助の政策や、大隈内閣時代の21カ条要求事件のような拙劣な外交は、実際に両国間の外交関係を損なっているということである。[9]

と述べた。こう見てみると、宮崎への孫文の説諭と期待は、確かに一定の効果を生み出していたようである。

　宮崎らが去ってからも、何天炯は数日に一度は、宮崎に近辺の情況を手紙で報告しており、その主な論調は、政務の面では総体的に好転しはじめ、孫文の地位は安定してきて、事業は日に日に発展してきていたことから、宮崎らに外交面での助力を講じてもらうよう希望し、日本に政策を変えて広州政府との関係を深めさせることを促すとともに、日本政府の対中動向を問い尋ねるというものであった。4月9日、何天炯は広州から宮崎滔天に手紙を送り、孫文が非常大総統に当選し、各方の勢力をしだいに平定しているといった、広東での革命の形勢を知らせて、

> 本月七日、孫文氏は国会によって正式に総統に選ばれ、さっそくその報道をご覧になって大いにお喜びになったことでしょう。この間に各界の人心は、完全に一致しました。……ひとえにわが党の前途はことに遼遠であり、少しばかりのお助けも、皆様方からの大きな希望となります。東亜の問題は、一方にのみ責任があるのではありません。こ

---

[9]　前掲、「宮崎滔天年譜稿」624–625頁参照。

の間の情勢はかくの通りで、特にご通知申し上げます。なお、あなたが見聞きされたことは、一つ二つでもお知らせ下さいますようお願いいたします。

と、宮崎に多大な協力を希望した。4月13日の日本の『大阪毎日新聞』には、孫文がすでに何天炯を駐日代表に内定したとの記事が掲載された[10]。5月5日、孫文は広州で正式に中華民国非常大総統に就任して、対外宣言を発表し、北京政府を非合法であると布告し、各国に広州政府を承認することをアピールした。宮崎は日本に帰ってきたのち、日本政府に向けての外交・社会世論の方面で活動を続け、孫文ら広州政権のために遊説し、こうした情況を何天炯に書簡で報告した。何天炯はそれらの書簡を孫文に転送して読んでもらうことで、双方の音信の橋渡しとなった。

6月から7月の間、日本の汽船「小川丸」が武器を桂〔広西省〕系軍閥に援助していたことが中国側に知られ、広州の各界で抗議と日本製品ボイコットの運動が巻き起こり、孫文の日本への見方は悲観的なものへと変わっていき、対日関係の構築を求める活動も鈍くなりはじめた。

7月8日、何天炯は宮崎滔天に書簡を送り、孫文の宮崎への感謝と日本への外交姿勢の変化を伝達した。そこには、

> あなたからの各書簡は、小生からみな孫先生にお伝えしまして、あなたの熱意と大きな願望はまさしく、厳寒の友といえるものであり、その人格はとりわけ壮健で比類のないものです。これらのまごころを受けているわが党は感激やまないものです。ただこの間小川丸事件が発生して以来、貴国の外交に先生は、甚だ悲観的になっておられます。孫先生は東亜の大局に対して偉大な計画を持っておられますが、日本との外交での助けは求めず、ただ我々の害にならないようにいけば、大いに成功であると望んでおられるようです。このように、まことに彼我の民党にとって状況は非常に遺憾なことばかりです。あなたも注意して下さい。

10　前掲、「宮崎滔天年譜稿」625頁。

第3章　宮崎滔天と孫文の広州非常政府における対日外交

とあり、自らのことについても、

　日本行きも二、三か月以内は実現できそうもなく、小生もうまくいくかとても心配です。

と知らせていた。

　7月19日、何天炯は再度宮崎滔天に書簡を送り、宮崎からの来信をすでに孫文に転送して読んでもらったとして、読後孫文が示した中日関係への見方と期待と、自らの孫文への新たな認識を知らせたものであった。その書簡には、

　ただ今小生があなた様の書簡を持っていき孫先生にお見せいたしまして、孫先生はそれをご覧になって、たいへん喜ばれ、小生に『そちの日本行きのことは、早期の実現を希望しない日はないが、今回正式な政府が成立し、そちは政府代表の名義で行き、丁重な姿勢で臨むべきである。このため、そちの務めは、もとより事業でも、ましてや借款でもなく、新政府の公明正大なる主旨を日本朝野の上下に宣伝し、今後貴国政府が東洋で侵略や合弁（請負）をする野心を持ってはならないということを言って聞かせることである。ただこの野心を進めてはいけないばかりでなく、以前の21カ条のような不当な強要を、即座にすべて取り消すべきである。このように、彼我両国は、今後は経済の提携をして、種々の親善を結ぶべきなのである。もし些細な実業の問題が生じても、もとより政府がわざわざ代表を派遣してあたる必要はない。それに日本がもし侵略政策を改めなければ、些細な実業であっても、成功は容易ではない。あるいは当初は進めることができても、その後また必ず困難な日があろう。目下の状況を論ずれば、またもし政府が軽率に日本と特別な関係（すなわち経済と借款）を結べば、必ずや人民から攻撃を受けようし、死刑まで宣告されるかもしれない。段祺瑞が力ずくで、敵に借款を乞い同胞を殺そうとしてのたれ死んだことを戒めにするほかない』とおっしゃいました。

と記されており、続けて孫文が自分を日本に行かせることの考慮、並びに財政の困窮さを記述した。

> 孫さんがまたおっしゃるには『そちがすぐに日本へ行ってこの東亜共存主義を宣伝するのは、よいだろう。しかし今回の行動は、安易すぎてはならないものであり、随員・書記も二、三人同行させて、朝野の各人士と酒を酌み交わすべきである。このようにすると、活動資金も少ないものではなくなってしまうが。……そちは少なくとも一万元は持って、出発してほしい。目下総統府の財政はすこぶる困窮していて、いかんともしがたいが』ということで、さらに『そちは外部の友人や商人に金銭の貸借ができる者はいるか。もしいるなら、政府の名義を出したり担保したりしてもよいが』とおっしゃいましたが、小生は『とんでもないです。小生は孫文先生のお言葉を聞くと、三つの感慨を感じます。一つには先生のお言葉への心からの敬服。二つには先生の待遇への心からの同情。三つには今の人物が公に借りて私事にして、公費が公のものとして使われていないことへの心からの痛恨。先生ご自身もきっとこの感慨がおありのことと存じ上げます』と返事しました。

と述べた。
　同日、何天炯は再度宮崎滔天に書簡を送り、自らの訪日がなかなか決まらないことからのいっそうの苦衷について、

> 広西問題が解決してから、私が日本に行く件ですが、なおも幾多の躊躇する所があります。おそらく孫先生は内心は急いでおられても、要人多数の意見をお聞きになり、今はまだその時機でないとお認めになられたのでしょう。いたずらに無益なことや、ましてや国民（わが国のです）に誤解を招いたりすることのないようにせねばなりません。小川丸事件の発生により、人々の心の悲憤は頂点に達しているようです。どうかあなた方に挽回の方法をお考え下さいますようお願いいた

第 3 章　宮崎滔天と孫文の広州非常政府における対日外交

します。[11]

と述べたが、これはまさしく全国的な反日の高まりに対しては、孫文政権が対日関係で世論との心情的な矛盾を見せるのをはばからねばならなくなったという事態を反映していた。

　9月15日に、何天烱が宮崎に送った書簡には、広州政府の日本との外交関係の障害について、

> 本政府が日一日と強固に発展してきているといっても、日本との外交の面では、甚だ冷淡なものとなりましたが、だまされてきた結果、いかに外交能力がすぐれた者であっても、こうした鴻溝〔深い溝を意味する故事成語〕の疎通はできなくなってしまうのではと恐れています。

と述べた。

　9月28日に、何天烱がまた宮崎に送った書簡には、広州政府への米国の態度と自らが訪日できると考えられる時期について、

> 近来米国のほうは、当政府に対して礼儀正しい姿勢が多く見られますが、もしわれわれが兵力を武漢にまで及ぼせたのなら、先に新政府を承認するのは、きっとこの国になるはずです。小生の訪日の期日は未定のままですが、局面は日に日に展開していまして、出発の時期はそう遠くはないでしょう。

と述べている。

　上記のことからわかることは、孫文の広州政府がこの時期にとった対日外交は、さまざまな要因に束縛されたということである。一方では孫文らは政権の困難な状況のなか、日本の政財界の支持を得ることを切実に望み、とりわけ孫文本人がこのことに非常に大きな希望をいだいていたが、何天烱らのように日本政府の対中政策を比較的深く理解した人物は悲観的にな

11　萱野長知『中華民国革命秘笈』（挿図部分「何天烱致宮崎滔天函」）、帝国地方行政学会発行、1940年。

り、そのため何天烔は、孫文がしばしば日本で活動することを催促したのに対しては一貫して同意に至らず、遅々として訪日には至らなかった。また一方では、日本の対中侵略政策は中国民衆の反発を引き起こし、反日の熱を沸き起こさせた。それは孫文に対し、日本を支持していくことを牽制する要求にもなったのである。孫文の広州政府の対日外交はこのようにずっと移ろい矛盾した状態にあったが、孫文らは宮崎・萱野に広州訪問を招請することを通じて、彼らを広州政府の日本人民間使節とさせて、日本に帰国してから代わって宣伝や活動を行なわせ、日本政府の対中政策に影響を及ぼすことを望んだ。しかし事実が物語ったことは、宮崎・萱野は職も権限もない民間人と見なされ、彼らが志を持って孫文の革命に協力や援助をし、宮崎のように新聞紙上で日本政府の対中政策を批判して、日本の社会や世論にそれ相当の影響を与えたりはしたものの、直接日本政府に対して対中外交政策を変えさせるほどの、実際の効果をあげることは難しかったということであった。孫文らが宮崎らに与えた、これらの面での希望は高すぎたことは明らかであった。さりながら日本政府の対中政策への宮崎滔天の批判は、当時の日本の朝野が中国への侵略・蔑視の喧々囂々(けんけんごうごう)たる声に覆われていた中で、中国侵略政策に反対、東アジアの平和を維持するという孤独ながらも清らかな高音となったのである。

4　結　語

　宮崎が広州を訪問した1年後の1922〔大正11〕年6月、陳炯明が大総統府を砲撃して、孫文は逃げ出すことを余儀なくされるという事件が起こり、孫文の革命事業はまたも大きな挫折を受けることになった。何天烔も孫文の側近であったがゆえに、家族を連れて広州を離れ故郷に避難せざるを得なくなり、その避難生活は1年半にも及んだ。その間郵便制度の不備により、宮崎滔天と10年近くの長きにわたって続けていた連絡のやり取りもここで途絶えることになった。1923年、故郷にいた何天烔は読んでいた新聞から、宮崎滔天がすでに22年の冬に世を去っていたことを知り、当

第 3 章　宮崎滔天と孫文の広州非常政府における対日外交

時記していた『山居一年半』[12]の中で、この知らせを聞いたことへの情景や感慨について、

> 一日に読んだ上海の新聞に、宮崎滔天さんの追悼会を知らせる一節が載っていて、私はまだ半分も読んでいないうちに、あっ気に取られてしまい、青天のへきれきとなり、彼を失ったとの思いに常にとらわれるに至った。ただただ悲しい。

と打ち明けて、文中で宮崎滔天の生涯と中国の革命事業への貢献を述べ、宮崎を、

> 功はわが中華にあって、民国の成立を助けた……わが党を愛した心は、まさに至れり尽くせりであった。その的確で素早い行動は、恐れおののくほどであったが、現在の生活になって自由をすべて失ったからこそ、私は心より感慨を覚えるばかりである。

と称賛している。これは宮崎滔天と革命同志として、国境を越えた知己と終生の親友となった何天炯の、日本当局の圧制を恐れずに一生をかけて中国革命を誠心誠意支持し、「連華興亜」の理想のために力を尽くした、堅い志しと高潔な人格を持った宮崎への、衷心からの敬服であった。

　本稿での考察から見えてきたことは、宮崎滔天は1920年から1922年の間、孫文の広州政権に対日外交面で援助を与え、孫文政権の日本との「民間外交使節」として力を尽くし、孫文の革命事業への支持については、命を終えるまで貫き通した。終生「連華興亜」の理想を志したこの日本の志士を反映して、辛亥革命後に日本の朝野で対中侵略の傾向が日ましに強くなった全体的環境のなかで、宮崎はなおも自らの理想を堅守し追求して、孫文と理想をともにして形成された、国際的な友誼を生涯続けていった。宮崎滔天は孫文の革命事業に終生参加した一人であり、孫文の革命を理想とした一人の日本人同志でもあったと言える。宮崎滔天と孫文や何天炯ら

12　「山居一年半」『建国』所載（広州）、1928年。

各人は、共同の理想や共同で東アジアの共存とアジアの振興の事業に尽力することによって、国境を越えた終生の友誼を作り上げ、中日両国の近代交流史上に輝かしい一ページを残すことにもなった。

　こうした史実は、この広州政権の時期に孫文は当初日本に支持を求めることに過度の期待を抱いたものの、何天炯ら政府内の中心メンバーからさえも賛同を得られなかったということを示している。続いて、日本政府が軍閥を支持し中国での利益を貪るような侵華政策が中国全土に反日の波を引き起こしたことにより、孫文は宮崎らによる「民間外交」の進行を通じ、日本政府に対中政策を変えさせるための影響をもたらすことを望んだが、効果は微々たるものに終わり、日本政府への期待に満ちていた孫文はしだいに冷淡さや失望を見せるようにもなり、ソ連や米国などに近づくように変わっていったのである。

第4章

孫文支援者・山田純三郎の革命派への関与とその実態について

——1920年代、革命派の広東省の資源開発を目指す動きを中心に

武井義和

はじめに

　本稿は、孫文支援者の山田純三郎（青森県出身、1876-1960）による1920年代前半の活動について、孫文をはじめとする革命派による広東省の資源開発計画への関与に焦点を当て、その実態を明らかにする。あわせて、山田純三郎の活動はアジア主義に位置付けた場合、どのように理解できるのかについても最後に言及する。

　孫文が1918年末に著した『建国方略』には革命に尽くす日本人の名が列挙されており、「それ革命のために奔走して終始怠らぬ者は、すなわち山田兄弟、宮崎兄弟、菊池、萱野等あり」[1]と、1900年恵州起義で戦死した兄良政（1868-1900）とともに、山田純三郎は「山田兄弟」として名が記されている。1900年代末に満鉄上海事務所長として三井物産上海支店にデスクを置いていた山田純三郎は、辛亥革命期から孫文支援者として中国の革命に関わるようになった。例えば、1911年12月に欧米から帰国した孫文を香港まで迎えに行ったが、孫文から上海への帰りの船中で三井からの借款を要請され、藤瀬政次郎上海支店長に引き合わせたり、1914～15年に旧満洲で孫文の動きに呼応する勢力との連絡のため、陳其美や戴季陶、蔣介石らと現地へ渡り活動を試みたことなどが挙げられる。いずれにせよ、

1　孫文『建国方略　心理建設』（『総理全集』第一集下冊、胡漢民編、上海民智書局、1930年）527頁。

孫文に密接に関わった日本人支援者の一人であったことは間違いない。それは1925年3月、孫文臨終の際に病室に集まっていた日本人支援者たちのなかから山田純三郎だけが夫人の宋慶齢に呼ばれ、孫文の死に水を取ったという話からもうかがい知ることができる[2]。

　だが、山田純三郎が孫文をはじめとする革命派とどのように関わり、また関わろうとしたのか、その実態はどうであったのかについては、まだ考察の余地があるように思われる。例えば、1920年代前半に山田は革命派が目指した広東省における資源開発の動きに関与しようとした様子が山田家資料や外務省記録などから浮かび上がるが、従来こうした点は取り上げられてこなかった[3]。

　したがって、本稿ではこうした問題意識に則り、1920年代前半に孫文や革命派が開発を試みた広東省の翁源水電事業や含油頁岩（オイルシェール。以下本稿では「含油頁岩」と表記）採掘の計画を取り上げ、これらの計画の経緯とともに、そこに山田がどう関与しまた関与しようとしたのか、また、これらの事業計画において、孫文ら革命派にとって山田純三郎はどのような存在であり、また山田はどのようなポジションにあったとみなすことができるのかなどについて、山田が事業計画に関与するに際し彼に関わりのあった人脈はどのようなものであったのか、という点も含めて明ら

---

[2] 山田純三郎および兄自政の軌跡について記した著作として、結束博治『醇なる日本人』（プレジデント社、1992年）、保阪正康『仁あり義あり、心は天下にあり　孫文の辛亥革命を助けた日本人』（朝日ソノラマ、1992年）がある。前者は山田兄弟の一生涯を扱ったものであり、後者は孫文の革命活動を軸として、孫文逝去時まで宮崎滔天ら日本人支援者を関わらせつつ山田兄弟の革命活動を記したものである。保阪氏は2009年に筑摩書房から自著『孫文の辛亥革命を支えた日本人』を文庫本の形で出されている。結束氏と保阪氏の著作は一般向けの性格が強いものである。一方、学会報告をもとに論文にまとめられたものとして馬場毅「孫文と山田兄弟」（『愛知大学国際問題研究所紀要』126号、2005年）がある。

[3] 1918年から20年にかけて、革命家の何天炯や佐賀県出身の実業家・塚原嘉一郎らが中心となり、広東省興寧県の鉄鉱やその他鉱物の採掘や生産、販売などを目的とした「興寧組合」、また興寧鉄煤公司から鉄鉱を買い受けて製錬販売する目的で「興寧製鉄公司」の立ち上げが計画され、それぞれ規約が締結されたが、山田純三郎もそれらに関与したことが、塚原が遺した資料から確認できる。しかし山田の具体的な活動は不明であり、今後の研究課題の一つと位置付けられる。石橋道秀・田中智美「国民党及び南支石炭資源に関する資料（1）」（『佐賀大学地域学歴史文化研究センター研究紀要』第6号、2012年）、石橋道秀・田中智美・百武由樹「国民党及び南支石炭資源に関する資料（2）」（『佐賀大学地域学歴史文化研究センター研究紀要』第7号、2013年）、多々良友博「日支組合と南支資源開発」（『佐賀大学地域学歴史文化研究センター研究紀要』第10号、2016年）を参照。

第 4 章　孫文支援者・山田純三郎の革命派への関与とその実態について

かにしたいと考える。

　なお、用いる資料は外務省記録や山田家資料などが中心となるため、日本側からの見方が主となることを予めお断りしておく。

1　翁源水電開発計画

(1) 広東政府の開発計画と山田純三郎の利権獲得

　広東省の翁源における水電開発計画は、もともと第一次世界大戦勃発前後の時期にドイツ人やイギリス人が注目し、計画を構想し調査が行われていたものである。やがて中国側も有望性に着眼し、1919 年 8 月、広東改組軍政府財政庁長楊永泰は太田広東総領事の斡旋により、台湾銀行や東亜興業会社に対して技師派遣ならびに資金供給方を申し込み、その後楊永泰と東亜興業会社との間で交渉が行われた。しかし、第一次世界大戦後の日本の金融ひっ迫と広東省で発生した政変により交渉は中断となり[4]、1921 年 4 月に広東軍政府財政庁長廖仲愷は政府の財政状況の整理立て直しの目的で、藤田栄介総領事に官営または官民合弁の形式で水電会社の計画を実行するため、日本の資本家からの借款について言及した。だが、前財政庁長楊永泰の確定意見は、事業経営のために構想された会社組織の内容に対して日本側が永久に利害関係を結ぶべき条項がないため、藤田総領事は日本の資本家に有利な条件を提出するよう廖仲愷に申し出た[5]。

　その後、東亜興業会社は改めて開発計画に乗り出したようだが、1921年 9 月に山田純三郎が突如登場し、利権を獲得している。山田は投資の希望があり、東亜興業会社に対し差支えないか否かの問い合わせを同社技師を通じて行った。それに対し東亜興業側からは投資を断念したものではないが、山田が本事業に関係することに反対する理由はなく、異議ない旨の

---

[4] 「翁江水電事業ニ関スル件」(外務省記録『支那ニ於ケル電気事業関係雑件』第 2 巻所収の「翁江水電」、アジア歴史資料センター、B04011202900)。なお、当時の広東省には第一次広東軍政府の後に成立した「広東改組軍政府」(1918 年 7 月～1920 年 11 月、広西派実権掌握) が存在していた (池田誠・安井三吉・副島昭一・西村成雄『図説中国近現代史　第 3 版』法律文化社、2009 年、95 頁)。

[5] 「水電借款問題ニ関シ稟請ノ件」機密第 49 号、1921 年 4 月 22 日 (前掲、外務省記録『支那ニ於ケル電気事業関係雑件』第 2 巻所収の「翁江水電」)、および前掲、「翁江水電事業ニ関スル件」。

101

回答がなされている⁶。その後、東亜興業会社が開発に着手したことは記録から確認できない。さらに、2カ月後の1921年11月、元代議士の桜井兵五郎は山田純三郎や技師1名を同伴し翁源水電への投資交渉のため広東に滞在したことから⁷、桜井の動きは山田の利権獲得と大きく関係するものであったと捉えることができる。

さて、山田純三郎が利権を獲得できた可能性として、「中日組合」に関与したことが考えられる。1921年にまとめられた「中日組合規約」によれば、この組織は「広東実業開発ヲ目的トシ中日両国人ヲ以テ組合ヲ組織ス」ることを目的としたものである⁸。規約の署名者をみると、中国側は革命家の何天炯1名だけであるが、日本側は山田純三郎、菊池良一、大隅信常、横山章、浅野泰治郎、降旗元太郎、横山俊二郎、武内作平、田篤、桜井兵五郎が名を連ねていた。何天炯は孫文の側近であり、山田純三郎とは辛亥革命期以来の同志的関係であった⁹。一方、桜井兵五郎は1921年当時日本特許インキ・日本耐火煉瓦の各株式会社社長、日本タイプライター株式会社取締などを務める実業家でもあったことから、山田純三郎が翁源水電の利権を獲得できた理由は何天炯との関係が作用し、かつ桜井兵五郎が投資に乗り出し得た背景は、彼も「中日組合」に関与し、その過程で山田との人脈が築かれたことに求められると考えられる。

なお付言すれば、桜井兵五郎も含めて「中日組合規約」に署名した者の多くは1921年当時実業家であったことから¹⁰、事業を中国へ拡大するチャ

---

6 前掲、「翁江水電事業ニ関スル件」。
7 藤田総領事より内田外務大臣あて文書、第247号、1921年11月16・17日（外務省記録『対支借款関係雑件　広東省ノ部』第3巻、アジア歴史資料センター、B04010745600）。
8 山田家資料 No. 112（愛知大学蔵）。
9 山田純三郎と何天炯の関係については、李長莉「共同して革命し手を携えて実業へ――何天炯と山田純三郎の中日をまたぐ革命的友情」（愛知大学東亜同文書院大学記念センター『同文書院記念報』VOL. 22 別冊②、2013年）。
10 1921年時点の職業が判明した人物は、以下の通りである。横山章：横山鉱業事務所経営。浅野泰治郎：浅野昼夜銀行・浅野昼夜貯蓄銀行の各行取締、浅野スレート・日之出汽船・浅野セメント・日本精毛・日本コンクリート工業・浅野石材工業・浅野物産・浅野同族・共同生命保険・関東運輸・関東燃料・浅野小倉製鋼所・中央製鉄の各株式会社取締、青梅鉄道・庄川水田・日本鋳造・鶴見木工の各株式会社監査。降旗元太郎：帝国蚕糸株式会社取締役、山陽炭砿・大連株式商品取引所の各株式会社監査。横山俊二郎：石川県農工銀行・加州銀行・加能銀行各監査。武内作平：朝日窯業・大阪証券の各株式会社社長、大日本塩業・大阪土地建物・岡山電気軌道・東洋毛糸紡績の各株式会社監査、弁護士。田篤：日華協進公司・

第4章　孫文支援者・山田純三郎の革命派への関与とその実態について

ンスと認識しての参加という側面は否定できない。また、彼らの参加は山田純三郎のいとこであった菊池良一の人脈によるところが大きかったと推察される。なぜなら、桜井兵五郎をはじめ降旗元太郎、武内作平、大隈常信、横山章は実業家であるとともに、衆議院議員または元議員だったからである[11]。

(2) 山田純三郎の利権獲得後の展開

　さて、先ほど記したように桜井兵五郎は翁源水電開発のため投資交渉を行ったが、順調に進まなかった。なぜなら桜井と中国側との間で意見の相違が生じたからである。桜井の案は中国側に官民合弁の会社を設立させ、そこに資金を貸し付けるというものであったが、広東省長兼督軍の陳炯明は、公益的大事業は官営または私営とすべきであるという方針であり[12]、両者の隔たりは大きかった。しかも、陳は広州市の名義でアメリカの資本家に対し本件工事費約1,000万元の借款を申し込むという動きをとった。桜井はそれに対抗する形で、広州市を相手とする借款に変更した[13]。その後、桜井による翁源水電開発をめぐる活動は記録からは確認できないため、桜井の方針転換によって翁源水電への投資は宙に浮いた格好になったとみられる。ちなみに、アメリカ資本による水電投資も確認できない。

　さて、桜井と陳の相違は利益配分にもおよんでいた。「桜井提案利益折半ニ関シ陳炯明ハ目下絶対不同意ヲ称ヘ支那側七日本三ノ対案ヲ申出タル…」[14]というように、両者の溝は大きかった。こうした状況のなかで、山

快進社・日本開墾・日本簡易火災保険の各株式会社取締役、日本マグネシュム株式会社監査。桜井兵五郎：日本特許インキ・日本耐火煉瓦の各株式会社社長、日本タイプライター株式会社取締（『第貳拾六版　日本紳士録』交詢社、1921年、国立国会図書館デジタルコレクション）。

11　菊池良一は1921年当時衆議院議員であったが、「中日組合規約」署名者のなかで、同時期に議員を務めた人物として降旗元太郎、武内作平がいた。また、1921年時点では議員でなかったものの、それ以前の時期に菊池とともに議員を務めた人物として、大隈常信（1915～17年）、横山章（1915～17年）、桜井兵五郎（1915～20年）が挙げられる（衆議院・参議院編集『議会制度七十年史　衆議院議員名鑑』大蔵省印刷局発行、1962年）。

12　前掲、藤田総領事より内田外務大臣あて文書、第247号、1921年11月16・17日。また、1921年当時の陳炯明の地位については、劉寿林・万仁元・王玉文・孔慶泰編『民国職官年表』中華書局、1995年、337頁。

13　前掲、藤田総領事より内田外務大臣あて文書、第247号、1921年11月16・17日。

14　藤田総領事より内田外務大臣あて文書、第270号、1921年12月19日・20日。

田純三郎は1921年12月末に書簡を馬育航に送った。そこで水電事業の条件に関して自分は深く公平を主張し、一方に少しでも加担することはできない、また過分な要求をしてはならないと桜井と長く論争したと記している。しかし同時に、日本の資本家の投資に対する利益が少ない点も指摘し、日本の資本家の斡旋への尽力や水電事業に協力する姿勢をみせつつも、利益が三分または三分五厘であれば日本側は応じることが難しいだろうと記し、交渉の困難さについて苦悩を示す[15]。ここからは、山田が日中双方の利益のバランスを保とうと考えていたことが分かる。

その後、何天烱から宮崎滔天にあてた書簡には、1922年5月時点において廖仲愷は山田に翁源水電事業の借款準備を託している状況である旨記されていることから[16]、山田は翁源水電事業に依然として関与していた様子がうかがえる。しかし、翌6月陳炯明によるクーデターが勃発したため広東護法政府は崩壊、孫文は上海に避難したため、孫文や革命派による翁源水電開発計画は断念せざるを得ない状況となった。

一方、1923年2月に広東政府が樹立されると、孫文らによる山田純三郎への期待はいっそう高まることとなる。同年、山田は孫文により翁源水電事業や含油頁岩開発（後述）のために日本の資本家の勧誘を依頼され、日本へ帰国、後藤新平や渋沢栄一などに働きかけを行った[17]。同年7月の記録には「…数月前孫文氏ノ命ヲ奉ジテ渡日セル山田純三郎…」とあることから、山田は広東政府樹立後間もない時期に依頼を受けて日本へ帰国したことになる[18]。1923年時点でも孫文ら革命派は翁源水電事業を放棄しておらず、山田を拠り所として日本の資本家による投資を希望していたことが分かる。また、この段階の山田は革命派のための対日交渉の窓口的存在であったと位置付けることができる。

しかし、山田の活動は具体的な結果が現われず、かつ天羽英二広東総領事が東京で2、3名の資本家と会談した印象は「巨利ナルモ危険多キ地方

15　山田家資料 No. 117（愛知大学所蔵）。なお、馬育航は当時、広東省財政庁長を務めていた（前掲、『民国職官年表』337, 338頁）。
16　段云章編著『孫文与日本人史事編年（増訂本）』広東人民出版社、2011年、641頁。
17　「広東市水道電話及電車事業ニ対スル本邦資本家意向問合ノ件」、機密第52号、1923年7月11日（外務省記録『日支合弁事業関係雑件』第2巻、アジア歴史資料センター、B04010878700）。
18　同上。

第4章　孫文支援者・山田純三郎の革命派への関与とその実態について

ノ投資ヨリモ寧ロ薄利ナルモ安全ナル手近ノ企業ヲ歓迎シ此種商談ノ方纏リ易キ様見受ケラル」[19]というものであった。彼ら資本家は翁源水電事業や含油頁岩開発といった広東省での投資開発について、治安上の問題などからリスクが大きいとして敬遠した様子が浮かび上がる。

結局、翁源水電事業については1930年の書籍に「殊ニ広東ノ如キ水電事業ノ全然欠如セル地方ニ於テハ…」、「未ダ興ラザル事業ニシテ将来興ルベキ可能性トシテ着目スベキモノ」[20]との文言が記されていることから、1925年に孫文が亡くなるまでの間には実現しなかったことが分かる。したがって、山田純三郎は利権を獲得し、また孫文ら革命派の期待に沿う形で活動を行ったものの、実を結ぶことがなかった。その理由は天羽総領事が面会した資本家たちのように、広東省の治安の問題が日本側においてリスクとして認識されていたことが大きかったと思われる。

2　含油頁岩開発計画

(1) 開発計画に至る経緯

含油頁岩も、翁源水電とともに1920年代に孫文ら革命派により開発が目指されたものである。1921年、広東省長陳炯明の近親者で軍司令を務める陳覚民の軍隊が広東省高州府に駐屯中のところ、部下が同地方水東付近で石油砿を発見したことに始まる[21]。陳覚民は藤田栄介広東総領事に対し、日本から技師の派遣と実地調査の要望を提出し、また成績如何によっては日本側との共同経営の希望も申し出た[22]。「成績」とは含油頁岩が良質、豊富であるか否かを示していると思われるが、藤田総領事は申し出を受け、台湾総督府へ技師派遣等の連絡を行った。しかしながら、高州府地方の争乱や陳覚民の不在がちにより話は立ち消えの状態になった[23]。1922年に入

19　同上。
20　島谷忠義『支那革命ノ策源地　広東概観』泰山堂書店、1930年、161, 231頁。
21　「広東省高州府水東ノ石油砿実地調査ニ技師派遣方依頼ノ件」台機密第8号、1921年3月11日（外務省記録『支那鉱山関係雑件　広東省ノ部　広東省』所収の「4．高州府石油砿」、アジア歴史資料センター、B04011093700）。
22　同上。
23　「広東省高州府水東地方 Oil Shell ニ関シ報告ノ件」機密第60号、1922年8月25日（前掲、外務省記録『支那鉱山関係雑件　広東省ノ部　広東省』所収の「4．高州府石油砿」）。

ると、久原鉱業元技師や同社社員による調査が行われたほか、三菱側で投資の希望等の動きがでてくるが[24]、開発実施に至る具体的な案および日中間の交渉は大きく進展しなかった。

　一方、山田純三郎は1922年6月陳炯明によるクーデターで広東非常政府が崩壊する以前、すでに含油頁岩開発計画に関与しようとしていた可能性がある。山田が遺した資料のなかに含油頁岩に関する書類も残されており、その一つが調査に要する費用を概算したメモであるが、そこに「陳炯明トノ連絡費」として5,000円が明記されていることから分かる[25]。ちなみに、必要と見込んだ予算はそれ以外にも「之ノ際返済ヲ要スル銀行負債」2万円、「省政府役人土産料」3,000円、「軍隊現場役人及郷伸(ママ)土産料」5,000円、「軍隊□□□(判読不能)（現物）」3,000円、「宴会費」5,000円が挙げられていた[26]。この予算はどこから調達する予定であったのかについて明記されていないが、「返済ヲ要スル銀行負債」とあることから、このメモ書きがなされる前から銀行より資金調達を行って開発計画に臨んでいたのではないかと推察される。しかし、この段階では山田の具体的な活動はみいだせない。それがより一層鮮明となるのは1923年に入ってからである。

(2) 山田純三郎の含油頁岩開発計画への関与

　1923年2月に広東政府が樹立されると、孫文ら革命派は翁源水電開発計画と同様、含油頁岩も日本の資本家による開発を期待する傾向をみせた。これにより、広東省水東県高州府の茂名県・電白県にある含油頁岩の採掘について、山田純三郎は既述のように日本の資本家を勧誘するため孫文の命を受けて日本へ帰国した[27]。その後、後藤新平や中村是公らによって調査のために農商務省の大井上義近や技師2名が派遣されることとなり、山田もこれに同行した。一行は1923年9月広東省に到着、10月に調査を実施し同月内に終了した。山田は後藤新平内相と中村是公に対し、鉱区調査の結果は東京で申し合わせた30ガロンの鉱量には達さなかったが、調査

24　同上、および「久原社員広東省視察出張ノ件」芳沢局長より在広東藤田総領事あて（前掲、外務省記録『支那鉱山関係雑件　広東省ノ部　広東省』所収の「4．高州府石油砿」）。
25　山田家資料 No. 144（愛知大学所蔵）。
26　同上。
27　前掲、「広東市水道電話及電車事業ニ対スル本邦資本家意向問合ノ件」。

第4章　孫文支援者・山田純三郎の革命派への関与とその実態について

が済んでいない3分の2の部分を合わせれば十分の鉱量を得るであろうという主旨の報告を行っている[28]。

　さて、含油頁岩開発をめぐる広東政府樹立後の山田純三郎の地位について特徴的な点は、孫文や廖仲愷広東省長から大きな権限が付与されたことである。それは具体的に

・孫文及廖省長ハ之ノ事業ニ関シ日本資本家ト商議スル一切ノ権限ヲ委任シタル事ヲ後藤渋沢両子爵ニ通知シタリ
・事業経営ニツキ日本側ニ対スル支那側ノ希望条件ノ一切ヲモ山田ニ委任シタリ
・広東省政府ハ省内ニ於ケル含油貢〈ママ〉岩工業ヲ山田関係以外絶体〈ママ〉ニ許可又ハ契約ヲナサズ[29]

のような形で示され、山田は孫文や廖仲愷ら広東政府側によって、翁源水電事業と同様に対日交渉の窓口的存在としてみなされていた。

　また、この時期と推察されるが、山田は事業経営案を示している。手書きであるため構想レベルのものと思われるが、①分担の設定として、採掘または精油までは広東省政府の事業、これに要する資金技術および監督は日本側に委任、②資源の購入方法として、鉱石または精油は日本側で一手に買収、③資金の返済方法や利子については、大冶およびその他の例を参照して協定する、④中国側への資金交付として、事業着手にあたり原料代金前渡しとして100万円を限度として中国側に交付する、などが案の骨子である[30]。ここからは、日中双方の役割分担を明確にするとともに、日本の資本家が開発にかなり関与するような形であり、かつ中国側の一定の利益を配慮した内容になっていることが分かる。

28　「広東省高州府含油頁岩調査ニ関スル件」機密第81号、1923年10月1日、馬公要公部司令官代理より海軍大臣あて文書、1923年10月29日、天羽総領事より伊集院外務大臣あて文書、1923年11月1・2日（前掲、外務省記録『支那鉱山関係雑件　広東省ノ部　広東省』所収の「4．高州府石油砿」）。
29　前掲、山田家資料 No. 144。
30　同上。

(3) 山田純三郎と日本石油会社との交渉

　山田純三郎は日本へ帰国後、渋沢栄一を介して三菱・木村久寿弥太の代理人である斎藤延と交渉を行ったが、条件が合わず山田より交渉を打ち切り[31]、その後、日本石油株式会社が孫文との交渉に乗り出すこととなる。1924年11月に孫文が広東から張作霖らと会見のため北京へ向かう途中で神戸に立ち寄ったが、その時に復興嘱託の工学博士岸一太は山田純三郎の求めに応じ、日本石油株式会社専務取締役の津下紋太郎とともに神戸で孫文と会見を行っている[32]。そこで津下は孫文に対し、これまで表面的調査のみであったため技師を送って調査し、その結果により投資を行い採掘販売などを担当すること、そのなかで純利益がある場合には広東政府と折半するという考えを孫文に示した。それに対し孫文は賛成し、本件はすべてを山田に託しているので、彼を信用して話を進めて欲しいと回答している[33]。

　一方、山田は含油頁岩開発に関し、仮契約の草案をまとめている。「広東政府（広東省）ハ広東省茂名県及其付近ニ於ケル油頁岩開発ニ関シ日本石油株式会社ト仮契約ヲ為ス」と冒頭で記され、以下全5条にわたる内容が列記されている。主な部分を抜粋すると、

　　第一条　本仮契約後日本石油株式会社ハ何時ニテモ実地ニ就キ地質調
　　　　　　査ノ為メ試錐ヲ為スコトヲ得　但シ試錐ハ仮契約後壹ヶ年以
　　　　　　内トス
　　第二条　広東政府ハ前条ノ試錐ニ関シ従事員ノ生命財産ヲ保護ヲ為シ
　　　　　　且作業ノ目的ヲ達スル必要ナル庶般ノ便宜ヲ図ルモノトス
　　第四条　油頁岩開発ニ関スル本契約ニ於テ締結スベキ事項左ノ如シ
　　　　　　四、事業ニ要スル資金ハ日本石油会社之レヲ醵出ス

31　同上。5月28日付けの書簡で交渉打ち切りが山田純三郎から木村久寿弥太に通知されている。年が記されていないが、1923年もしくは1924年の5月と考えるのが妥当である。なお、木村久寿弥太は1890年三菱に入社、1920年には三菱合資会社総理事に就任した人物である（国立公文書館資料『叙勲裁可書・昭和十年・叙勲巻六・内国人六止』所収の「故勲三等木村久寿弥太叙勲ノ件」1935年11月、アジア歴史資料センター、A10113147100）。

32　「孫文ト日本石油会社トノ関係」外秘第1625号、1924年12月20日（前掲、外務省記録『支那鉱山関係雑件　広東省ノ部　広東省』所収の「4．高州府石油砿」）。

33　同上。

第 4 章　孫文支援者・山田純三郎の革命派への関与とその実態について

　　　五、広東政府ハ事業経営一切ヲ日本石油株式会社ニ委任シ経
　　　　　営セシムルモノトス、但シ鉱区及事業用地ノ設定並取得
　　　　　ハ広東政府之ニ任スルモノトス
　　　七、広東政府ハ事業遂行上鉱場其他ノ事業用件及従業員ノ生
　　　　　命財産ノ保護ニ任スルモノトス
　　　八、広東政府ハ事業上必要ナル道路、鉄道運河ノ開設河川港
　　　　　湾ノ修理船舶航行通信物品ノ輸出入及労働者ノ供給等ニ
　　　　　関シ十分ニ便宜ヲ図ルモノトス
　　　十、本事業ノ純益過少ニシテ収支償ハザルトキハ日本石油株
　　　　　式会社ハ無償ニテ本契約ヲ解除スルコトヲ得
　　十一、広東政府カ本契約ノ義務ヲ履行セサルカ又ハ広東政府ノ
　　　　　責ニ帰スヘキ理由ニ依リ事業ヲ廃止シタルトキハ広東政
　　　　　府ハ日本石油株式会社ニ投シタル資金ニ年一割ノ利子ヲ
　　　　　附シ重利ノ計算ニ依リ算出シタル額ノ二倍ヲ日本石油株
　　　　　式会社ニ提供スルモノトス　広東政府カ任意ニ契約ヲ解
　　　　　除セントスル場合亦同シ
　　十二、試錐調査ノ結果若シ本契約締結ノ場合ハ日本石油株式会
　　　　　社ハ広東政府ニ製油又ハ鉱石ノ代金前渡トシテ壹百万円
　　　　　ヲ限度トシテ手交ス[34]

などと記されている。これをみると、試錐時および本契約締結後に広東政府が図るべき便宜（第二条、第四条七、八）や、日本側の負担（第四条四）、日本側の利益（第四条十、十一）や中国側の利益（第四条十二）に関する内容が盛り込まれている。仮契約草案は内容的にはすでに紹介した山田の事業経営案が基本になっていると考えられる。
　仮契約および本契約は広東省、または広東政府ならびに省議会の同意を得て効力が生じると定められた[35]。しかし、孫文は離日後、1925年 3 月に北京で客死する。その後、日本石油株式会社による開発は管見の限り確認

34　前掲、山田家資料 No. 144。
35　同上。

できないことから[36]、孫文死去により含油頁岩開発計画は立ち消えになったものと考えられる。

　付言すれば、含油頁岩開発計画をめぐって、山田は後藤新平を軸とする人脈を活用していた。すなわち、山田は1906年満鉄に就職する際、後藤新平に採用された経験を持ち、また中村是公は1906年満鉄副総裁、その後1912年まで第2代総裁を務め、1924年10月には後藤新平の推薦で東京市長に就任している。一方、岸一太は後藤新平により勅任技師の一人として復興局に起用された人物である[37]。こうしてみると、山田と岸とのつながりは深いものとはいえないであろうが、山田は後藤新平の人脈、特に中村是公の存在も含めて、満鉄人脈ともいえる人脈を活用し、含油頁岩開発の推進を意図していた様子が浮かび上がる。

おわりに

　以上、1920年代前半の時期を対象に、山田純三郎の孫文をはじめとする革命派への関与とその実態について、革命派による資源開発の動きとそれへの関与という観点から明らかにすることを試みた。山田が翁源水電事業と含油頁岩の開発計画に関与していたことはこれまで余り広く知られていなかったが、史料からは、これらの開発には孫文ら革命派による日本の資本家を呼び込んで行われることへの期待があり、山田がそのための対日交渉窓口的な役割を担っていった様子が浮き彫りとなった。そうした状況の背景には、翁源水電開発計画に顕著に示されるように、孫文ら革命派の財政的問題が大きな要因として挙げられる。また、1923年から24年の時期も広東政府は財政難であったことがすでに明らかにされていることから[38]、1923年から孫文らに顕著にみられた日本の資本家を呼び込もうとす

36　例えば日本石油株式会社の社史『日本石油百年史』（日本石油株式会社・日本石油精製株式会社社史編さん室編、日本石油、1988年）では、同社が孫文逝去後に広東省で含油頁岩の開発に着手した記述は確認できない。
37　山田の満鉄就職年と退職年、後藤新平に採用される経緯については、前掲、結束博治『醇なる日本人』および同書巻末年表を参照。また、後藤新平、中村是公の経歴については中村義一編『近代日中関係史人名辞典』（東京堂出版、2010年）、岸一太については駄場裕司『後藤新平をめぐる権力構造の研究』（南窓社、2007年）175頁を参照。
38　例えば横山宏章「広東政権の財政逼迫と孫文政治――商団軍の反乱をめぐって」（『社会経済

第4章　孫文支援者・山田純三郎の革命派への関与とその実態について

る動きや、山田純三郎がそのために孫文から依頼されて日本の資本家と交渉を行ったことなどは、そうした背景があってのことであったと改めて理解できる。

さて、翁源水電事業と含油頁岩開発計画は孫文の存命中には実現しなかったため、その点では山田の活動は大きな成果を生みださなかったといわざるを得ない。しかし、山田は広東政府成立後に日本の資本家を勧誘するよう孫文の命を受け、特に含油頁岩開発については孫文や廖仲愷広東省長から交渉の一切を委任されるなど、きわめて大きな権限が与えられた。これは山田と孫文はじめ革命派との深い関わりとともに、彼が大きな役割を担う立場に立ったことを示すものである。

また、山田が孫文や革命派たちと関わった上記の二つの資源開発計画において、日中双方の役割を明確にしながら、どちらかに過度に肩入れするのではなく、双方の利益のバランスを考慮していたことは注目に値する。これに関する山田の動きをみると、管見の限り孫文や革命派および日本の資本家に対し、見返りや利益を求める動きは確認できない。こうしたところを含めて考えるならば、自己の利益よりも日中関係を優先する観点から孫文や革命派の切望する資源開発を支援し、且つ日中が対等な立場で中国の資源開発に臨むという、山田独自のアジア主義的な意識の表れであったといえるのではないだろうか。また、山田純三郎は列強の侵略に対し革命を起こし対抗しようとした孫文を支援し続けたアジア主義者であったといえるのではないだろうか。

山田純三郎の思想は明らかでない部分が多いが、本稿で述べてきたような活動を通じて、具体的にどのような日中関係が形成されるべきであると認識していたのか、また、彼自身の日中関係観はどのようなものであったのかという点のさらなる解明が、今後の課題の一つとして設定されると考えられる。

史学』Vol. 42 No. 5、1977年）を参照。

第 5 章

東亜同文書院中の台湾籍学生と林如堉、呉逸民両人の戦後の白色テロ体験

許雪姫（朝田紀子訳）

はじめに

　東亜同文書院（1939年に東亜同文書院大学が成立し、以下同文書院と略称する）は1900年に設立され、1945年9月20日に終わりを迎え[1]、全部で46期の学生（専門部、予科を含む）を有していた。本校は初期、日中間の貿易を担う人材の育成を主とし、その後、日華親善、並びに東亜建設に着目して主とした。また、ある卒業生は東亜同文書院をスパイ養成学校と見なしていた[2]。学生は日本人が絶対的多数を占めていたが、学校は上海で設立したため[3]、中国人学生も存在した[4]。1895年、台湾が日本の統治に帰属し、1910年に朝鮮が日本に併合され、両者が大日本帝国の外地となったので、この二箇所の地域から赴いて学んだ学生もいた。朝鮮について言

1　滬友会『東亜同文書院大学史』滬友会、1955年、30頁。
2　2013年11月8日、台北シェラトンホテルに訪問したある同文書院の学生が言うところによる。
3　初めに1899年南京で設立し、南京同文書院と呼ばれた。1900年に義和団事件が起こったため、両江総督劉坤一の勧告指導下で、ほどなくして上海へ移転した。上海へ移った後、2度移り変わり、1937年の上海八一三事件（第二次上海事変）で一度長崎へ移り、1938年4月に再び上海へと戻ってきた。上海へ戻った後、上海交通大学をキャンパスとした。
　　前掲、滬友会『東亜同文書院大学史』21、43-71頁。「長崎から上海へ　東亜同文書院の学生帰る」『台湾日日新報』1938年4月11日、夕刊2版。
4　上海東亜同文書院『創立30週年東亜同文書院誌』上海東亜同文書院、1930年、116頁の記載によると、1930年までに東亜同文書院で学んだ中国人は32人であり、順番に基づくと、浙江（8）、湖北（6）、福建（5）、江蘇と広東（各4）、奉天（3）、山西と広西（各1）である。また、第25期（1925年4月入学、1929年3月卒業）には、陸善熾（浙江）、韓湘春（奉天＝現在の遼寧瀋陽）、査士驤、査士元（両人は兄弟である、浙江）、陳訓念（念）（浙江）がいる（前掲、滬友会『東亜同文書院大学史』237頁）。

うと、その人数は台湾ほど多くなく、例えば専門部第44期、韓国籍の林明浩がいることが分かる[5]。そもそも、当時どれぐらいの台湾人が東亜同文書院に入学したのか？　1930年の『創立30周年記念東亜同文書院』が記載するところによると、日本人卒業生地方別表の中に載っているところでは、台北に16人、台湾各地に6人いるが[6]、その中で台湾人を除くと、当然、台湾にいる日本人を含むべきである。表を見ると、台湾人は4名いる。1940年の上海東亜同文書院滬友同窓会の『会員名簿』を見ると8名いるようであり[7]、1940〜1945年にはどのくらいの台湾人学生がいたのであろうか？　これは本稿の主要な検討課題である。

　学校史の研究は、沿革、構成、予算、建築、教師を研究するばかりでなく、非常に重要なのは、学生の在校生活および学生の卒業、修業後の進路の行方を研究することであり、甚だしきに至っては、生涯の中で、この時期に受けた教育の影響がどれくらい大きかったかを研究することである。台湾人は1895年以後ずっと、漢族（清国・中華民国）、大和族（大日本帝国）の狭間で生活していた。日中15年戦争の展開後、台湾人は中国と日本の間のどちらにつくかの難関に陥り、名目上は中国と日本の提携のために設立した学校で学んだが、当時は「親日」と見なされた。戦後、台湾は日本への隷属から中華民国の一つの省へと変わり、昔の台湾人と日本は中国に対して共通の敵とみなされたが、中華民国の国籍を「回復」した後、この学校の台湾人学生は如何なる立場にあったのか？　これは本稿の2つ目の研究課題である。

　現在得るところの資料によると、1949年に中華民国政府が撤退し、台湾にやって来たあと、同文書院の台湾国籍の卒業生、修学生で2名、中国に残った者がおり、残りの台湾へ戻っていった者たちは無論、現在から見ると安穏に暮らすことができたが、その中の林如堉、呉逸民は白色テロの泥沼に陥り、前者は死刑を執行され、後者は10年監禁され、更に感化教育3年が加えられた。彼らはなぜ、法に「触れ」たのか？　事件の経緯は

5 　「朴明浩」の疑いがある。また、当時「及川和浩」の名を用いていたかもしれない。大学史編纂委員会『東亜同文書院大学史──創立80周年記念誌』滬友会、1982年、649頁；前掲、滬友会『東亜同文書院大学史』334頁を参照。

6 　前掲、上海東亜同文書院『創立30週年東亜同文書院誌』114頁。

7 　上海東亜同文書院滬友会同窓会『会員名簿』上海東亜同文書院滬友同窓会、1940年。

第 5 章　東亜同文書院中の台湾籍学生と林如堉、呉逸民両人の戦後の白色テロ体験

如何なるものであったのか？　これが本稿の 3 つ目の主題である。

　同文書院と台湾の関係はこれまでに述べてきたことだけにとどまらず、台湾にいた日本人卒業生は台湾に戻り勤めたようであり、これも研究すべきもう一つのテーマである。中国籍の卒業生で戦後台湾へ来た者も研究するに値する。戦後、台湾と日本が外交関係を中止する前については、台湾に来た外交官（大使館、領事館にいる）中の同文書院卒業生は更に深く議論するに値する。本稿はページに限りがあるので、以上 3 つのテーマについては別の機会にする。

1　先行研究と関連資料

（1）先行研究

　この研究テーマについては、同文書院の学生研究、台湾人の海外経験、白色テロ体験、同文書院の台湾人学生と関係がある。

　1、同文書院の学生の学校生活と就職の情況について、『東亜同文書院大学史』(1955)、『東亜同文書院大学史』(1982) 中に時期を分けて、ページ数を多く割いている報道は、卒業生の現況を知るのに助けとなっている。藤田佳久は同文書院の学生について、1901 年より中国（満洲を含む）、東南アジアをグループ分けし、教師や指導者が引率せず行った調査旅行記録の編纂を行っており、例えば『中国との出会い――東亜同文書院・中国調査旅行記録』（第 1 巻、大明堂、1994 年）、『中国を歩く――東亜同文書院・中国調査旅行記録』（第 2 巻、大明堂、1995 年）もこの調査旅行に対する研究であり、その中の学生の調査旅行に対する路線について正面から採り上げている[8]。

　2、第二次世界大戦前の日本勢力圏下において教育を受けた台湾人学生の研究は台湾人の海外活動（或いは島外活動ともいう）の重要な部分を研究することである。これらの学生のその後の職業及び日本人が降伏した後における動向は重視するに値する。過去の関連する研究成果には筆者の「満洲国」建国大学の卒業生と戦後台湾の白色テロ体験の関係を正面から採り

8　藤田佳久『東亜同文書院中国大調査旅行の研究』大明堂、2000 年、282–338 頁。

上げたもの[9]、満洲大同学院を卒業して満洲国の高等官になった台湾人の詳細な研究[10]、満洲医科大学を卒業した台湾人医学生の研究[11]がある。

　3、白色テロ研究：台湾の1949～1992年におけるいわゆる白色テロ期[12]は、災難に遭った者に関する論文は汗牛充棟と言うことができ、白色テロを類型化する者もあり[13]、個別事件を研究する者もあり[14]、特に1999年に財団法人戒厳時期不当反乱暨匪諜審判案件補償基金会が成立した後、一方では災難を受けた者への補償がなされ、他方では関連のある学術研究が進行し[15]、国史館も個人を単位として、多くの関連する事件の資料を編集している[16]。この他に、大量に災難を受けた者の資料を取得するために、この十数年来、官側や民間を問わず大量の口述インタビューを行っており、その成果は光り輝くものである[17]。現在の統計によると[18]、この時期の軍事法廷が受理した政治事件は29,407件あり、災難に遭った人数は約14万人余

9　許雪姫「満州経験与白色恐怖──満州建大等案的実与虚」（『戒厳時期政治案件専題研討会論文暨口述歴史記録』財団法人戒厳時期不当反乱暨匪諜審判案件補償基金会、2003年）1–39頁。
10　許雪姫「在『満州国』的台湾人高等官──以大同学院的畢業生為例」（『台湾史研究』19巻3期、2012年9月）95–149頁。
11　許雪姫「日治時期台湾人的海外活動──在『満州』的台湾医生」（『台湾史研究』11巻2期、2004年12月）1–75頁。66頁には「満州における台湾人医学生の表」があり、その中の統計で満州医科大学を卒業した台湾人医学生は少なくとも89人いた。
12　白色テロ期は一般に1949年5月20日に国民政府が戒厳令を発布し始め、1992年に刑法100条が廃除されるまで（1987年7月15日に戒厳令解除）を指す。
13　李筱峰「戒厳時期政治案件之法律与歴史深討」（財団法人戒厳時期不当反乱暨匪諜審判案件補償基金会『戒厳時期政治案件之法律与歴史深討』戒厳時期不当反乱暨匪諜審判案件補償基金会、2001年）117–139頁。
14　欧素瑛「従二二八到白色恐怖──以李媽兜案為例」（『台湾史研究』15巻2期、2008年6月）135–172頁。
15　基金会はかつていくどか研究討論会を招集して研究成果を発表しており、例えば2007年出版の『戒厳時期不当反乱暨匪諜審判案件之受裁判者家属身分認定』は補償条例を勝ち取った過程と、保証金の申請認定作業の要点である寛大にする問題についての見方を提出している。2006年出版の『台湾人権与政治事件学術研討会』は法律の面と政治案件を分析している。
16　許進発編『戦後台湾政治案件──簡吉案史料彙編』国史館、文化建設委員会、2008年、全480頁。
17　財団法人戒厳時期不当反乱暨匪諜審判案件補償基金会が「台湾民間真相与和解促進会」に委託し、「威権時期政治案件受難者訪談計画」を行い、113名を訪問した。
18　1947年の戦犯事件、二二八事件から方素鏗事件まで数えると、全部で8つの事件があり、一般的には白色テロの時期には入らないが、人権の角度から見ると、意義がある。「戦後台湾政治案件簡表（1953.11–1992）」（李禎祥主編『人権之路──台湾民主人権回顧』陳文成博士記念基金会、2001年）参照。

第 5 章　東亜同文書院中の台湾籍学生と林如堉、呉逸民両人の戦後の白色テロ体験

りであり、死刑に至っては3,000〜8,000人である[19]。これはかなり驚異的な数値である。過去の研究から知り得るのは、事件に関連した一部の者は海外経験がある者で、特に中国を経験した者、とりわけ国民政府のいわゆる陥落区、占領区にいた台湾人、あるいは日本統治時期の抗日の親共産党の人士である。本稿で話に及ぶ林如堉は「台北監獄呉朝麒事件」（1950.5.21）に属し、呉逸民は呉哲雄事件、馬時彦・陳正宸事件に属する。この二つの事件は政治的事件である。両人は海外経験があり、国民政府の統治の本質を見極めて、混乱した時代に災いを招いたのかも知れない。

　4、同文書院の台湾人学生：2012年に武井義和が示した論文が最も早く、最も整っている。彼は主に滬友会が出版した『会員名簿』、『滬友会会員名簿』、『東亜同文書院大学同窓会名簿』などから「台湾人学生の派遣元及び入学前の出身学校表」、「台湾人学生の卒業後の進路」（戦前から1945年以前に至るまで、1945〜1980年の2つの部分に分かれる）を作成しており、すでに具体的な成果があると言える[20]。しかし、一つには著者は当事者を保護するために、陳（新座）、彭（盛木）は姓があるのを除いて、その他は全て匿名としている。二つには名簿には19人だけ載っているが、『東亜同文書院大学史』中には29人載っている。三つには名簿中のK（林如堉）、R（劉改造）は1945年以後の経歴がないので、本稿では更に研究を進める余地がある。とりわけ、林如堉は同文書院に関連する記載中において全てが空白であり、更に研究する価値がある。

(2) 関連資料

　滬友会がこれまで出版した会員に関する名簿、書院史は最も重要である。29人の学生に関する研究のため、使用する資料は比較的多い。例えば、呉茂己編『在華中台湾同胞写真年鑑』中には1943年前後の上海、南京、無錫、杭州一帯の台湾人がおり、その中に林伯灶（奏）の伝記がある。彭盛木については周仏海の『周仏海日記全編』、『汪偽政府所属各機関部隊学

19　前掲、李禎祥主編『人権之路──台湾民主人権回顧』24頁。
20　武井義和「東亜同文書院で学んだ台湾人学生について」（馬場毅・許雪姫・謝国興・黄英哲編『近代台湾の経済社会変遷──日本とのかかわりをめぐって』東方書店、2013年）31-48頁を参照。

校団体重要大員名録』がある。劉改造は子の劉克全が著した「劉改造先生 (1926〜2012)」から参考にすることができる。本年 (2016) の11月にも、戦後中国に留まり台湾に戻らなかった、ある一人の同文書院の学生を訪問した。これが4度目の台湾帰国であり、彼も関連資料について述べ、筆者の参考となった。呉逸民は呉三連基金会の理事を任され、その生涯は基金会のホームページを参考にすることができ、更に父親の『呉三連回憶録』も参照することができる。林如堉、呉逸民の事件に至っては、国家檔案局に保存されている檔案を頼りにする。

2 同文書院の台湾人学生

実際に武井の研究では、同文書院には19名の台湾人学生がいたと指摘しているが、『東亜同文書院大学史』(1982) によると、29名であり、両者の間では人名にも差があり、『東亜同文書院大学史』(1955) を加えて比較すると、26名である。

武井は学生が出身した学校から、公費かどうかを加えて深く検討している。本節では彼らがなぜ同文書院を選んだのか、同文書院の学生募集に関する情報はどこからきたのかを討議し、更に幾人かの学生の戦後の消息を補足する。林如堉、呉逸民の両人に至っては、次節で論ずる。

(1) なぜ、同文書院で学んだのか？

上海は20世紀初頭、人々が憧れる国際都市であり、「魔都」と呼ばれた。台湾人では学ぶために上海へ向かう学生がおり、上海台湾青年会[21]、上海大学[22]、大夏大学[23]は全て台湾人が選択して学んだ学校であり、だいたいこれらの学生は比較的反日だと言われている。これに反し、同文書院を選択して学んだ者は、比較的抗日の背景を備えていない。彼らの同文書院につ

---

[21] 台湾総督府警務局編『台湾総督府警察沿革誌』(Ⅲ)、緑蔭書房、1986年、復刻版、69-74頁。
[22] 許雪姫訪問、黄美滋記録「莊泗川先生訪問紀録」(前掲『戒厳時期政治事件専題研討会論文暨口述歴史記録』) 134-136頁。
[23] 「畢業生名録」(著者未詳『教育部私立大夏大学』大夏大学、1931年) 1-12頁。本科第2期には何景寮、第4期には王慶勲、第7期には林家驤 (林金生)、林戊鉾、施長庚、第8期には林宗華、郭明堂、曹嘯濤、林宗夏、蔡恥吾などがいる。

第5章　東亜同文書院中の台湾籍学生と林如堉、呉逸民両人の戦後の白色テロ体験

いての情報はどこからきたのか？　陳姃湲の研究によると、当時、中学校の卒業生が進学情報を得る主な出所は旺文社（元は歐文社）の出版物であった[24]。旺文社から出版された『蛍雪』には各種の募集情報及び試験問題の解説が載っていた[25]。上述した情報物の閲読は、関連のある情報を手に入れることができる。その次に、同文書院は初期、商業の人材養成をすることを主とし、中国語、日本語の訓練を重要視し、大旅行があり、質の高い教師がおり、これも台湾人を引き付ける要因となった。しかし、最もキーポイントとなった要素の一つが、おそらく家長が中国に移り住んだ台湾の子弟である。当時、上海の台湾人は中国滞在の台湾人の数人であり、厦門、広東、天津、北京にも台湾人の足跡がある[26]。例えば、現在、知るところの王康緒（王宏）、鹿港人、その父親は1930年前後に「満洲国新京」へ至り、政府の仕事を担当し、子弟は上海、北京へ行き就学し[27]、王康緒は1943年4月に予科へ進学し、10月1日に学部へ進んだため、第44期である[28]。また、謝哲義は父親の謝達淋が医者であり[29]、早くに亡くなったため、母親の陳杏村が仕立て屋となり上海へ移り住み、その後上海南華実業公司常務理事を任され、ついに一家は上海に遷って居住した[30]。謝哲義は専門部第45期として、1944年に入学している[31]。

　呉逸民は呉三連の長男である。呉三連は1932年に『台湾新民報』が発行されると間もなく、東京支局長を担当し、1940年に日本の台湾に対す

24　陳姃湲「放眼帝国、何機而動——在朝鮮学院的台湾人」（『台湾史研究』19巻1期、2012年3月）107頁。

25　旺文社指導部編「全国高等学校専門学校大学予科昭和10年入学試験問題詳解附入学試験要項競争率一覧」（欧文社出版部、1936）。前掲、陳姃湲「放眼帝国、何機而動——在朝鮮学院的台湾人」107頁より再引用。

26　米倉二郎『満州・支那』（世界地理政治大系）、白揚社、1944年、392頁に収められている。

27　許雪姫訪問、記録「王宏先生訪問記録」2013年11月8日、台北来来ホテルにおいて、未刊行。

28　前掲、滬友会『東亜同文書院大学史』331頁。

29　謝達淋は台南白河人であり、1926年に台湾総督府医学校を卒業している。この後、故郷へ戻り、私立病院を設立した。林進発『台湾官紳年鑑』民衆公論、1934年4版、台南州、79頁。

30　母親の陳杏村は戦後、南洋煙草公司に代わって代表して日本へ献納したことをもって、戦犯罪で起訴され、後に無罪となった。全宗号179、案巻号1023を参照。「陳杏村（台湾台南）戦犯案」「借貸契約書」（中国南京第二檔案館所蔵）。謝哲義は当時21歳であり、上海に住み、「為生母被訴戦犯案件具呈辯訴懇乞省釋以恤無辜事（生母の戦犯として訴えられた案件について訴えに弁論し調査して許し無辜を救う事を懇請する具申）」を申し立てている。

31　前掲、滬友会『東亜同文書院大学史』333頁。

る米穀統制政策に反対して職を失ったため、北京大冶洋行へ入り仕事をし、後に天津フランス租界へ移り、相婿と「合豊行」を組織した。染料商売を営んでおり、当時、呉逸民は東京の芝中学で学んでいる。この後、戦禍を避けるために一家は天津へ引っ越している[32]。呉逸民は学部第46期予科であり、1945年4月に入学している[33]。

その他に、日本の早稲田大学で修学し、東京が物資不足になったため、上海へ向かい同文書院で学んだ劉改造がいる[34]。

(2) 一部の学生の生涯

『東亜同文書院大学史』(1982)および武井義和の台湾人学生の名簿中の何名かの戦前、戦後の経歴が補足できる。以下に分けて述べる。

1、林伯奏：元の名は拍灶、彰化北斗人。台湾総督府国語学校国語学部を卒業し[35]、成績がずば抜けて優れていたため、卒業後は林熊徴の援助を受け[36]、1916年に上海東亜同文書院商科を受験して学び、試験で首席をとった台湾人学生である。聞くところによれば、当時、同文書院に入学することは、東京帝大に入学することよりも難しかった。また、試験で優秀な成績を収めたため、三井上海支店に採用され、20年あまり勤務した。舅の連雅堂も1933年に上海へ移り住んでいる。社会団体では、1934年に板橋の林鶴壽の後を受け、上海台湾公会会長を担当し、1937年に七七事件が勃発すると、同郷人の世話だけではなく、招集に応じて通訳を担当した。1941年に太平洋戦争が勃発すると、軍の依頼を受け、軍属となった[37]。戦後、1947年に一家で台湾へ戻り、華南銀行へ入り、この銀行の総支配人として推挙され、その後また華南銀行の常務理事を任されて、華南銀行で40

---

32 許雪姫総策画『台湾歴史辞典』行政院文化建設委員会、中央研究院近代史研究所、遠流出版社、344-345頁。謝國興選「呉三連」(呉三連口述、呉豊山選記『呉三連回憶録』自立晩報文化出版部、1992年、1版4刷) 95-100頁。
33 前掲、滬友会『東亜同文書院大学史』333頁。
34 劉克全「劉改造先生(1926～2012)略歴」『台南劉家雜録』に収められている。http://www.laijohn.com/Laus/lau,Kcho/biog/family.htm (2013年12月3日閲覧)
35 これは『中華民国当代名人録』『自由中国工商人物誌』が記載するところのものであり、『台北師範学校卒業及終了者名簿』には関連する記録がない。
36 林熊徴の奨学金に関する情況については「林熊徴奨学金の卒業生たち」(許伯埏『許丙・許伯埏回想録』中央研究院近代史研究所、1996年) 280-283頁。
37 呉茂己『在華中台湾同胞写真年鑑』作者発行、1943年、115-116頁。

第5章　東亜同文書院中の台湾籍学生と林如堉、呉逸民両人の戦後の白色テロ体験

数年勤めた。1951年に新亜実業有限公司が創設されると、後に業務が拡大したため、公司は日本の東京に支社を設け、1985年にはこの有限公司の理事長を任された[38]。また、かつて台湾香茅油連営公司理事、台湾旅行社理事も任されている[39]。この他にも国際扶輪社に加入し、人に対して愛想がよいため、Mr. Tender のニックネームがある。また、ゴルフを好み、かつて淡水ゴルフクラブの4代目の会長を任された。更にまた、伯奏文教基金会を設け、台湾の文教界及び学術界が研究討論会を行うのを援助し、奨励金を支給している[40]。

2、彭盛木：彭盛木は同文書院を卒業後、1927～1937年に同校中学部で教師となり[41]、その後周仏海の日本語通訳を担当し、汪精衛政権成立後は財政部の参事官を務め、この時、彼はすでに軍統の特務工作に参加していた。1941年末、彼は汪政権の特工総部に気づかれてしまい、この時、周仏海は妻の弟である楊惺華を派遣して、彭の保釈に顔を出し、元の職に戻した。しかしながら、彼は汪政権期間に汪と日本が締結した密約、関連する情報を軍統に提供し、ついには日本政府に逮捕されて死刑となった（妹の彭淑真は二二八事件に関わった夫の饒維岳が泣きついた時、兄の彭盛木は国民政府のために力を尽くし、6年前に殉職したが、それは1942年のことだったと話している。しかし、『東亜同文書院大学史』(1982) では彭は戦後まもなくして上海福民医院で亡くなったといっており、何を根拠にしているか分からない)[42]。

3、陳済昌：1907年生まれ、号は其五、日本名田代洋一。新竹関西の人で、父は陳旺回。台南商業専門学校を卒業し、1931年、同文書院卒業後より、台湾へ戻り家業を継ぎ炭鉱を経営し、成功して炭鉱鉱主となった。竹北庄協議員、方面委員、商業奉公団長、竹北庄豆子埔一保保正、銃後

38　前掲、武井義和「東亜同文書院で学んだ台湾人学生について」41頁。熊鈍生主編『中華民国当代名人録』第3冊、台湾中華書局、1978年、1478頁。中華民国工商協進会編『自由中国工商人物誌』中華民国工商協進会、1955年、99頁。
39　同上。
40　「林伯奏」（張哲郎総編纂『北斗鎮志』北斗鎮公所、1997年）759頁。
41　前掲、武井義和「東亜同文書院で学んだ台湾人学生について」41頁。
42　許雪姫「日本統治期における台湾人の中国での活動――満州国と汪精衛政権にいた人々を例として」（愛知大学現代中国学会編『中国21』特集　台湾―走向世界・走向中国、Vol. 36、2012年3月）104-105, 117-118頁。

後援会慰問部長、新竹州自動車運輸株式会社取締役、広福公司株式会社取締役、暗潭炭鉱業主を歴任した[43]。戦後の事績は不詳で、1961年には桃園県立楊梅中学龍潭分部主任を任されている。その学校は、1966年に桃園県立龍潭初級中学として独立し、校長を任され、1971年に定年退職している[44]。同文書院のクラスメートの話によると、彼は卓球の達人であるが、北京語が苦手で南方訛りがある[45]。

　4、許斌華：大阪商業大学を卒業し、銀行界に入り、戦後は台北で薬局を開いている。

　5、張信明：台北で印刷業に従事[46]。

　6、李玉田：苗栗通霄の人。1951、1955年に苗栗第1、3期県議員に当選している。実業上では、1951年に苗栗帽蓆産銷合作社連合社理事を任され、1952年、苗栗県連合社の理事を担当した[47]。

　7、簡崑田：号は清明、1913年生まれ、台南の人。戦後、1947年6月に台湾省衛生所第4科の科長を任されている[48]。

　8、楊清輝：屏東人、同文書院大学（1939年昇格認可）予科、1945年9月大学部卒業。戦後、アメリカへ赴き、コロンビア大学研究院を卒業している。屏東県立里港中学で一番初めに校長に任命され（1947〜1950）、高雄県立旗山中学代理校長、南山人壽保険公司社長を歴任した。1985年には屏東県で必勝補習班を開設し、班主任を任されている[49]。

　9、長本邦雄：本名は張溪祥、1945年9月卒業。1963年に日本勧業銀行台北の支部で勤務し、1971年に同支部の副理を任されている。1986年には台湾恩益禧（NEC）電脳股份有限公司の副総経理を任されている[50]。

　10、王康緒：後に王宏と名を改める。1944年10月に入学し、同文書院

43　興南新聞『台湾人士鑑』興南新聞、1943年、258頁。
44　『連合報』1966年3月23日、6版；1971年7月25日、2版。
45　前掲、滬友会『東亜同文書院大学史』244頁。
46　前掲、滬友会『東亜同文書院大学史』249頁。
47　『連合報』1951年11月16日、5版；1952年3月17日、5版。何来美『重修苗栗県志　巻十　自治志』苗栗県政府、2005年、296頁。
48　台湾省政府人事所編印『台湾省各機関職員録』台湾省人事所、1947年、145頁。
49　「楊清輝」台湾当代人物誌資料庫　http://libdata.ascc.sinica.edu.tw:8080/whoscapp/servlet/whois?textfield.1=%E6%A5%8A%E6%B8%85%E8%BC%9D&sortarray=&arraydir=&searchrows=10&go.x=0&go.y=0（2013年12月3日閲覧）
50　『経済日報』1971年10月29日、6版；1986年8月13日、9版。

第5章　東亜同文書院中の台湾籍学生と林如堵、呉逸民両人の戦後の白色テロ体験

ではわずか1年だけ学んだ。戦後、北京華北学院に入学して学び、1947年の後、王家が一家で台湾へ帰国する際、妹と2人で解放区へ赴き学び、はからずも国共内戦で華北一帯の都市が共産党軍に素早く攻め落とされると、台湾へ戻るのに間に合わなくなってしまった。1949年12月に上海の華北軍政大学に入学して学び、その後、朝鮮志願軍に参加して38度線まで攻めた。この後、上海外語学院に入って教師となり、著書には『日語表達方式辨析』、『口語助詞新探』、『日語的時和体』がある。日本語に精通し、『国語年鑑』（日本1973年発行）には「海外日本語研究者」として収録され、全中国では数人しか選ばれていなかったが、すでに引退していた[51]。

11、謝哲義：戦後、過去の人脈を利用して、母の陳杏村と台日貿易を経営し、後に一家で日本へ移民し、福光貿易株式会社を開設した[52]。

12、劉改造：1926〜2012、台南の人、祖父は劉瑞山。劉家は台南一帯の旺盛な一族である[53]。日本の慶應義塾大学理財科を卒業した、父親の劉青雲と母親の劉貞（日本人、本名は本目貞子、青山女学院英文科卒業）の長男である。中学を卒業後、1943年より日本の早稲田大学で学ぶが、東京は物資が不足したため、生活が苦しくなり、1944年4月に改めて同文書院専門部に入学した。戦争が末期であったため、命令を受けて南京へ赴き学生軍になった。日本が敗戦した後台湾へ戻り、1946年に台湾大学法商学院経済系に入学し、卒業後は台南高商で会計学を教えた[54]。

以上これらの台湾人学生中（中国にいる2名、アメリカに赴いている1名はカウントせず）、同窓会の結成は見られないけれども、互いに助け合っていることは明らかである。林伯奏が華南銀行を管掌していた時、耿嘉賢、林大偉が入社した。また、彼が1963年に新亜実業股份有限公司を設立した時、校友の林仲秋が公司に入社しており、20数年勤務している。また、葉金朗と簡崑田は其昌貿易で仕事をし、陳万増は謝哲義母子の福光貿易で勤務しているようである。商いに従う者も大半が対日貿易を行い、或いは日本の商社に入って勤務し、日本の商業界と一定の関係を維持している。

51　許雪姫訪問、記録「王宏先生訪問記録」未刊行。
52　林満紅「政権移転与菁英絶続：台日貿易中的政商関係、1950〜1961」「表四　台湾蕉商的在日連合」（『「帝国夾縫中的台湾」国際研討会論文集』行政院文化建設委員会、2005年）377頁。
53　劉克全『永遠的劉瑞山』私家版、2004年、115-154頁。
54　前掲、劉克全「劉改造先生（1926〜2012）略歴」。

3　白色テロ事件で災難に遭った同文書院の学生
　　──林如堉、呉逸民

(1)　戦後の台湾政局の変化

　実際に筆者が「日本統治期における台湾人の中国での活動──満洲国と汪精衛政権にいた人々を例として」(『中国21』Vol. 36、2012年、97-122頁)の論文で提言するのは、日本が降伏した後、日本人とともに中国、東南アジアへ行った台湾人がすぐさま漢奸、戦犯の逮捕と審判に直面し、財産は没収され、生命が脅かされるという苦境に陥ったことである。また、中国は台湾人が中国国内で自由に居住することを許可せず、このため、大半の台湾人は困難に直面して故郷へ帰らなければならなかった。台湾行政長官の陳儀は、これらの中国へ行った台湾人は日本に協力した悪者であると考え、台湾へ帰るのに積極的に協力せず、台湾人が台湾へ戻るのは苦難であったと言い得る。九死に一生を得て台湾に戻ると、また、就職難と就学難に直面し、1947年2月、戦後の台湾に影響を与えた最も重要な二二八事件が起こり、これが分岐点となって、親共産党の者、台湾の独立を追及する者がしだいに現れた。1949年12月、国民政府は態勢を崩して敗退し台湾へ至り、これより前の5月20日に「戒厳令」を発布し、5月24日には「懲治反乱条例」を発布した。1950年6月13日には「戡乱時期検粛匪諜条例」が公布され、この他に刑法100条がある。上述したこれらの命令、条例下で、おおよそ親共産党を主張して統一或いは反蒋介石を主張する独立者は処罰、あるいは死刑となり、戒厳令解除前の台湾は恐怖と厳粛さが満ち溢れていた。

　同文書院の学生は中国経験がある者に属しており、戦後の国共内戦について、直接目撃した者や最前線の情報を持っている者がおり、また当時の台湾人に比べて中国語、国語の能力が優れており、台湾へ戻った後は、この経験を転用して、ある者は国民政府に重用され、ある者は国民政府と上手くいかなかったが、彼らは言語の関係によって、中国から来るいわゆる外省人と、島外の経験がない台湾人に比べて容易に接近した。中国から来る外省人は様々であったため、大陸でのことはあまり明るみに出ず、彼らに左翼、共産党の背景があった時、これらの人と接触した台湾人も無実の

罪を着せられて監獄に入れられ、甚だしきに至っては極刑に処せられた。当然、台湾にも左翼が存在し、日本統治期の台湾でも然りであり、1946年より後、中共台湾省工作委員会が成立した後、その成員が吸収されて加入した。1949年12月に大陸の国土を失い、追われて台湾へやって来た国民政府に対して、共産党、台湾独立分子は皆、早く去ってもらいたいと思い、このため、白色テロ期において、いわゆる冤罪、過失、偽の罪など枚挙にいとまがない。林如堉、呉逸民は不幸な事例であり、多くの事例の中の2つである。林如堉は死刑にされ、呉逸民は10年の懲役、感化教育3年であった。同文書院の経験は事件の原因と関係ないかもしれないが、依然としてこの2つの事件は、理解する価値があり、それ故過去に数少ない人が提言したり、或いはタブーとして提言しなかった過去を補完する。

(2) 林如堉の災難

　林如堉、1927年2月12日生まれ、台北板橋の人。学部第44期であり、1943年4月に予科へ入学し、1944年10月に学部へ入学した可能性がある[55]。台湾に戻るとまずは板橋の中学で勤務し、その後、台北士林の泰北中学で職に就いた。1948年10月21日に台湾省保安司令部に逮捕され、その後12月31日に高等法院に送られ処罰され、1949年12月20日に懲役3年6ヵ月の判決が下された[56]。政府の判決により災難に遭った個人の資料が明白に示しているところによれば、同じ事件の李薫山は、1922年に生まれ、1947年に台湾大学の助手だった時に、呉思漢の紹介を経て共産党へ加入し、李は林如堉を紹介して参加させ、たびたび林如堉の所で秘密集会を行っていた。しかしながら、当時の雰囲気は、共産党の名称は広まりにくいこともあり、1947年に「新民主同志会」と改められた。李薫山、林如堉、陳炳基（後に台湾を逃れる）が幹部となり、劉招枝などの人物を吸収して

55　前掲、滬友会『東亜同文書院大学史』332頁。武井は前掲「東亜同文書院で学んだ台湾人学生について」の34頁の表1で、林如堉は予科に入ったが、学部に入学したかどうかを確定していない。

56　省参議員の李友三の説明では、省参議会から保安司令部へ送られ、再び調査を受けた。台湾省参議会（1950年8月14日）「台湾省参議会為処理台北県民林平州為林如堉被保安司令部拘提迄無下落為査明真象陳情案、函請保安司令部査明見覆」『数位典蔵与数位学習連合目録』。http://catalog.digitalarchives.tw/item/00/17/22/26.html（2013年12月3日閲覧）

参加させ、林如堉、李薫山は時に反動的な宣伝品を会員に配って閲読させた。当該会は1948年3月に「台湾人民解放同盟」へと改められ、宣伝、教育、組織の3部に分けられて、上述した3人が分担して指導にあたった[57]。林如堉らが逮捕された時はまだ戒厳令が出されておらず、厳刑や厳しい法で判決を言い渡すことはなかった。ゆえに、李薫山、林如堉の両人は3年6カ月の刑罰が下され、公権が3年奪われただけであった[58]。戒厳令が出された後は、共産党に加入したり、人を招いて入党させると、必ず死刑に処された。

しかしながら、林如堉は入獄1年1カ月と4日で、また別の事件で再度尋問に遭った。この突然の変化は刑務所側は家族に知らさなかった。父親の林平州に至っては、1950年5月下旬、台北の監獄面会を申請した際に、息子が再度保安司令部に尋問を受けていたことを知り、2カ月少々四方八方で調査をしたが行方が分からず、当時の台湾省参議会に陳情している[59]。

林如堉が関連するこの事件は「呉朝麒等匪諜事件」と呼ばれる。政府の判決資料によると、事は、林如堉が台北の監獄で服役中に「工作同志連絡会」を組織し、「マルクス・レーニン主義」を宣伝し続け、李梓鼎を引き入れて加入させたことによる。彼はまた、同事件の呉朝麒がかつて自分の書いた「台湾粛清反革命分子工作計画書」を林如堉に見せるよう指図された。林如堉は計画書を見たことがあるけれども、「工作同志連絡会」の組織は認めておらず、しかしながら、彼が引き入れた李梓鼎は、この連絡会は、林如堉がマルクス・レーニン主義を講義するものであり、さらに張豊欽らの人物を通して李梓鼎に加入を呼びかけた事を認めた。李はまた、林がかつて彼の監房で資本論を講じ、鉛筆で「その時に、資本家の工場や商店は労働者が所有し、その時は、労働者が主人公である」と書いたと話している。また、同事件の別の被告に、林が西安事件と和談八条件を講じて

---

57 「李薫山」個人資料（檔案局受難者個人資料）案号49090。
58 「林如堉」個人資料（檔案局受難者個人資料）案号49090。
59 林如堉の父、林平州は台湾省参議会へ請願している。台湾省参議会（1950年8月14日）「台湾省参議会為処理台北県民林平州為林如堉被保安司令部拘提迄無下落為査明真象陳情案、函請保安司令部査明見覆」『数位典蔵与数位学習連合目録』。http://catalog.digitalarchives.tw/item/00/17/22/26.html（2013年12月3日閲覧）

第5章　東亜同文書院中の台湾籍学生と林如堉、呉逸民両人の戦後の白色テロ体験

いるのを彼は聞いたことがあり、内容はとても過激で、完全に共産党の立場に立って話していたと証言された。裁判官は彼と呉朝麒に監獄で刑罰を下し、依然として匪党の言論を宣伝し続け、人心を惑わせ、団体を組織し他人を引き入れて参加させる手段は、不法の方法で意図的に政府を顛覆しようとしているものであり、着手していたのは明らかであり、悪をし続けて悔い改めようとしないため、極刑を言い渡して一生涯公権を剥奪し、懲戒すると言い渡した。家族が必要とする生活費を除いて、全ての財産が没収された[60]。

　この事件は7人の被告がおり、呉、林両人は死刑、一人は懲役15年、別のもう一人は懲役10年、また別の一人は懲役5年で、二人は無罪となった。呉、林両人は1950年12月16日に馬場町で死刑が執行され[61]、父の林平州は同年5月下旬から台北の監獄へ行ったが、約6カ月息子に会うことができず亡くなり、人々はこのような思想犯に深く同情した。

(3) 呉逸民の災難

　呉逸民、台南の人、呉三連の長男。1929年生まれで東京で育ち、芝中学で学んでいた時、1944年より一家で天津へ移って定住し、天津日本中学へ転学した。1945年4月に同文書院大学部予科（日本の富山市に位置する呉羽分校）に入学し、1946年に台湾へ戻ると台北建国中学高等部へ入り、1948年に台湾大学商学系を受験して入学した[62]。1952年2月23日保安司令部に逮捕された。

　1、懲役10年：逮捕された原因は、呉逸民が1950年の春、「匪幇民主自治同盟」に加入した欧振隆に引き入れられ「民主自治同盟」に加入したからである。欧振隆は台南県の人であり、台湾大学経済系を卒業している。台東県に住み、台東県の鹿野郷で農民協会の会計を務めている。在学中、1949年の夏季休暇より「逃亡中の匪の頭目」張璧坤が指導する勉強会へ

60　「台湾省保安司令部判決（39）安潔字第2598号」。檔応字第1020012774号から提供。
61　台湾省保安司令部（代軍）「檢呈呉朝麒等匪諜案変更正判決及執行照片請察核由」この文章は国防部参謀総長の周が受け取った。中華民国40年1月10日。檔応字第1020012774号函より提供。
62　前掲、呉三連口述、呉豊山選記『呉三連回憶録』183-186頁、蔡金燕『呉三連伝』台湾省文献委員会、1997年、126-127頁。

参加し、同事件の呉哲雄（事件の頭目、台湾大学政治系学生）、涂柄榔（省立師範学院の学生）、張英杰らと唯物論の弁証法を研究討論し、集会を5回行い、1950年に呉逸民を引き入れた。保安司令部の判決に基づく事実は、以下の通りである。

　　　呉逸民の思想は過激であり、現実に不満を持ち、政府を攻撃しようとしている。欧振隆はその役に立ち利用できるのを見出し、ついに民国39年（1940年）春、紹介して匪幇民主自治同盟へ加入させ、また『中国の抗戦』、『光栄は民主に帰す』等の反動的な書籍を閲読させた。

　理由については、「呉逸民が自ら書いた自白書付属文書を証拠とすれば、罪は明らかで、あると認定するのに役立つ。その行為は、被告呉逸民が反乱組織に参加したことに基づいて罪を処せなければならない」からである。故に、法律に基づいて呉逸民は「反乱組織に参加したため、懲役10年に処し、公権を10年剥奪する」と判決が下された[63]。本件には7人が関連しており、事件の頭目の呉哲雄は懲役15年の判決を下されただけだが、これは彼が自首したが許されず、自発的に中国国民党中央党部第四組及び国防部総政治部等八単位が取り扱うところの台湾語劇団や全島旅行、反共抗露宣伝に参加し、合わせて5カ月の経歴があったため、減刑されたのであった[64]。

　保安司令部は1952年8月18日の判決後より、国防部に書類を送って署名してもらわなければならなかった。本件は同年9月17日に参謀総長の周が書類にサインした後、総統府に送られ、参謀軍長の桂永清が意見を出し、この判決に同意した。しかしながら、その意見が漏れ出てしまい、1952年2月より台北市長を任された呉三連は4カ月が経たないうちに、長男が逮捕され「報道によると、呉の長男が逮捕され、いくども保釈を求

63　檔案局檔案、9041/1571・3/1111/31/652、1-9。国防部軍法局、審核門、反乱類、檔号277・11/463、呉哲雄、欧振隆等。
64　同上。台湾語劇団と中央党部の証明がある。

第5章　東亜同文書院中の台湾籍学生と林如堉、呉逸民両人の戦後の白色テロ体験

めたが許さなかったため、態度が消極的になった」[65]。民間の見方は「呉逸民の事件は呉三連を政治的な脅迫に遭わせた」というものである[66]。蔣介石の「可」を経た後、本事件は判決が下り、それは1952年11月6日のことであった。

　2、感化3年：呉逸民は国防部台湾軍人監獄へ送られ服役した。政治犯は仮釈放することができないため、10年服役しなければならなかった。

　第一回目の裁判結果は、以下のとおりである。呉逸民は獄中で服役し、はからずも1953年5月27日に獄中において馬時彦の事件と関連したため、再び保安司令部に送られ調査された。馬事件に関連する者は53名おり、その中で刑罰が下った者は18名であり、全て服役者である。言い換えれば、彼らの犯行は全て監獄中で発生している。この18名中14名が1956年3月に死刑判決を下されている。呉逸民ら4名は感化を言い渡された[67]。この他には陳正宸ら30名がおり、無罪判決が下され、陳正宸ら3名はもともとの刑期によって執行された[68]。これは多数の人物に関連する大きな事件なので、呉逸民の部分についてのみ更に深く検討を加える。

　呉逸民はこの事件中で自選の「資本主義に代わるもの」、「唯物史観の法則」及び「人民民主独裁」全文の抄録を探し出されたが、被告らが馬時彦らが発起した新連会の組織に参加したというその他の確たる証拠がなかった。しかしながら、彼はすでに勾留された反乱犯であり、刑の執行の際に依然として思想に非は認めず、故に最初に判決が下された刑罰を執行し終えた後に感化が言い渡された。感化がどれほどの長さかは、明確に述べられなかった[69]。はからずも、保安司令部の判決が国防部に送られて判決が覆った時、国防部は被告馬時彦ら14名が死刑にされることに同意し、呉

65　檔案局檔案、0041/3132258/258/001、1-6頁。参謀総長の周至柔は、民国41年（1952）9月17日、概略：呉哲雄反乱事件を審議した意見の当否について署名して謹んで意見を請う、と文書を提出した。桂永清は注記した意見の中で、好意で出たか否かはわからないが、「呉三連の子、（民国）39年、台湾大学で匪の台湾民主自治同盟に参加したが、如何なる活動もしたことはない」と述べた。
66　邱國禎『近代台湾惨史檔案』262-263頁。
67　檔案局檔案、0046/3132422/422/1100、1-36頁、台湾省保安司令部判決、(43)　審三字第五五号。
68　檔案局檔案、0046/3132422/422/1100、1-36頁、台湾省保安司令部判決、(43)　審俞三字第五五号。
69　檔案局檔案、0046/3132422/422/1100、1-36頁、台湾省保安司令部判決、(43)　審三字第五五号。(46)　機秘（乙）第12-99号、「原件暨判決呈（巻七十一宗存備　調閲）」。

逸民ら4名に対する判決に対し、法に基づいて「裁判のやり直しを申請」することを却下し、もともとの判決を維持した。これは1956年12月22日のことである。続いて総統府に送られると、総統府秘書の張群、参軍長の黄鎮球は1957年1月、もともとの判決に完全同意した。しかしながら蔣介石は3月12日、以下のように書きつけた。

　　　　馬犯ら13名の死刑を許可する。その他の各犯は等しく却下して、厳しく再調査をして審査を請うべきである[70]。

　蔣介石の命令を経て、国防部は台湾省保安司令部が前に出した判決を取り消し、台湾警備総司令部の裁判に差し戻した。このたびの判決は1959年7月27日に、陳正宸、林声発両人を死刑にし、呉逸民らは新たな事実がなかったが、馬時彦らが組織した「新連会」の宣伝対象となったため、呉逸民らには感化3年が言い渡された[71]。国防部は1960年1月22日より、判決を前述のように確定した[72]。陳、林は判決が改められて死刑となり（陳はもともとは懲役5年、林はもともとは懲役15年）、蔣介石は最初の判決を下した主審の裁判官の責任を追究しようとした[73]。
　警備総司令の彭孟緝は5名の主審裁判官の姓名を書き出したが、なだめるために、後に1名の主審裁判官を除いて、4名の過失が記録された[74]。

70　檔案局檔案、0046/3132422/422/1100、1-36頁、台湾省保安司令部判決、(43)審三字第五五号。(46)機秘(乙)第12-99号、「原件暨判決呈（巻七十一宗存　調閲）」。四十六年三月十三日(四六)台統(二)泰字第零二二二号代電核定。0046/3132422/422/1/003を参照。俞大維ら、民国47年5月25日「謹将馬時彦比反乱案内林声発等以「各犯更審以覆刊情形答簽請鑑核示遵」」。

71　檔案局檔案、0046/3132422/422/1100、1-36頁、台湾省保安司令部判決、(43)審三字第五五号。(46)機密(乙)第12-99号、「原件暨判決呈（巻七十一宗存　調閲）」。四十六年三月十三日(四六)台統(二)泰字第零二二二号代電核定。0046/3132422/422/1/003を参照。俞大維ら、民国四十七年五月二十五日、「謹将馬時彦比反乱案内林声発等以「各犯更審以覆刊情形答簽請鑑核示遵」」台湾警備総司令部判決、(47)警審更字第一号。

72　檔案局檔案、0046/3132422/422/1100、1-36頁。台湾省保安司令部判決、(43)審三字第五五号。(46)機密(乙)第12-99号、「原件暨判決呈（巻七十一宗存　調閲）」。国防部判決、四十八年度誠敷字第四十三号。

73　檔案管理局、0046/3132422/1/003、原件呈（巻証存備　調閲）、蔣は4月14日に決裁した。

74　檔案管理局、0046/3132422/1/003、原件呈（巻証存備　調閲）、蔣は4月14日に決裁した。彭孟緝、民国四十九年十二月六日、「陳正宸等反乱案原判主審法官殷敬文等四員各予記過一次処分恭請鑑核由」。

130

第 5 章　東亜同文書院中の台湾籍学生と林如堉、呉逸民両人の戦後の白色テロ体験

呉逸民は1962年 2 月22日に服役が満期を迎え、その後、台湾省生産教育実験所に送られ感化教育 3 年が執行された。

　呉逸民が犯したところの「罪」は、現在から見れば言うに足りない。しかしながら、台湾は当時戒厳期であり、国民政府は「共匪」に対して容赦なく、共産党と思われる組織に加入したり、他人を引き入れて加入させたならば、必ず極刑に処せられた。呉逸民はどうやら、不幸中の大きな幸いであったが、もともと1962年に出獄できたのが、1960年初めには感化 3 年の判決を下され、1965年なってやっと出獄できた。呉三連夫妻の心痛は計り知れない。そして、最も人々が痛恨したのが、蔣介石が最後の「司法」裁判権を持っていたことであった。ほしいままに反共というレッテルの下で人命を殺害し、罪のない者を死に追いやった。

　林如堉、呉逸民の両人が災難に遭ったことにより、白色テロ期の台湾人は、共産党或いはその周辺の分子と見なされるだけで悲惨な目に遭ったことを知ることができる。

4　結　論

　本稿は主に1947、1982年に分かれた『東亜同文書院大学史』及び武井義和が作成した表から、日本統治時期の台湾人26人が同文書院（予科、専門部を含む）で学んだことを明らかにした。その中のある一部の学生は1945年以後の経歴が不明であったり、補足に価するところがあるので、本稿を書くことを選んだ。同文書院の日本籍学生が直面したのは戦前、戦後の転換だけであったが、台湾人学生はこの転換だけではなく、政権の更迭と学歴が認められるかどうかという問題にも直面した。戦後、 2 名の学生、陳弘と王宏は日本語の能力を活かして中国で教師、或いは編集翻訳の仕事に従事した。台湾に戻った者では、 3 名が華南銀行で勤務し、またある者は教育界で勤めた。貿易に従事した者の大半は対日貿易を行い、会社を設立し、ともに協力した。林伯奏は新亜実業股份有限公司を設立すると、林仲秋が公司の駐日総代表を任され、生涯、新亜で勤めた。また、謝哲義の福光貿易には、陳万増が早い時期にこの会社に就職し、葉金朗が経営する其昌貿易には、簡崑田が就職している。ある者は日本人の貿易会社に就

職し、呉逸民は出獄後、伊藤忠台北支店で勤務し、張溪祥は日本勧業銀行台北支店に就職したことから、彼らと日本の関係を見出すことができる。

　卒業生中の2名の事績は比較的特別である。1人は陳新座であり、彼は1922年に卒業した後、まずは日本の外務省で働き、1928年に漢口日本総領事館で勤め、1942年には台湾総督府官房外務部で仕事をしたが、戦後の情況はよく分からない。彼は台中龍井の人で、父親の陳汝盤は学者であり、弟の陳新彬は東京帝大医学博士であり（1929年）、台中で開業している。陳新彬の伝記中で、「兄陳新座（元副領事）」[75]の記載が見られ、更に追跡調査する価値がある。現在陳新座の資料はすでに出現しており、まさに交渉して閲読中である。この資料の出現によって、日本統治期に外交界へ進出した台湾人がいないという見方を打破できるかもしれない。彭盛木は一方で汪政権の下で工作を行い、他方では軍統の工作を行い、日本側に2度捕まって、ついに命を失っている。

　林如堉は白色テロで死刑に処せられ、呉逸民は獄中で13年の歳月を過ごしている。両人は思想犯であり、かつ、刑罰が下って服役が確定する中で、再び事件が上がってきたため、林は懲役3年から死刑に改められ、呉は刑期満期で、さらに感化3年となった。これは全て、台湾国民政府が共産党を恨み、恐れ、滅そうとした結果であり、中国での経験がある同文書院の学生は、比較的国民党の本質をよく分かっており、当局に嫌われたことが、罪を得た原因の一つとなった。

　本稿はなお完備しておらず、また、口述資料に不足がある。台湾に戻って来た当事者を訪ねて話を聞いたけれども、なお不足がある。呉逸民はまだ台北にいるので、一度訪問してみたい。もしも再び陳新座の資料を手に入れたならば、本稿を更に整えさせることができるかもしれない。

75　台湾新民報『台湾人士鑑』台湾新民報、1937年、265頁。

第6章

東亜同文書院の「復活」問題と霞山会

堀田幸裕

はじめに

　外地・上海に置かれた東亜同文会運営の東亜同文書院大学は、日本の敗戦により廃校となった。このため、同大学から内地へ引き揚げて来る学生たちの収容を急務とし、本間喜一・東亜同文書院大学学長は受け入れ先となる愛知大学の創設に奔走する。だが愛知大学はGHQ占領下にあった設立当初、東亜同文書院と完全に別個の大学であることを対外的に闡明（せんめい）にする必要に迫られた。

　一方で、東亜同文書院の同窓会組織である滬友会を中心として、後継校設立の願望が一部に根強く残っていた。滬友会の描く大学再建構想は、かつての同文書院同様に中国語を教授し、対中国事業のエキスパートを養成するというものであった。滬友会では母校再建研究委員会を立ち上げて議論を進めるとともに、1962（昭和37）年から中国語講習会を東亜研修所の名義で開催する。この中国語講習会は霞山会が引き継ぐこととなり、また1967（昭和42）年にこれを発展させて霞山会は東亜学院（各種学校）を開設した。そしてこの東亜学院を富士宮へ移転し、通産省管轄の貿易大学別科という形で大学昇格を目指すべく、母校再建の夢が寄託されたのである。

　けれども東亜同文会の清算事業完了によって、東亜同文会も東亜同文書院大学もそれぞれ正式に消滅しており、母校再建を目指す動きが活発化した1960年代当時には、資産継承者としての霞山会と愛知大学があるに過ぎなかった。つまり滬友会の企図する大学再建については、資金や学校敷地の確保をはじめ、全てがゼロからのスタートとなったのである。結果と

して、東亜同文書院大学を滬友会自身の手で再建することは叶わなかった。

また、滬友会の描く対中国（含東南アジア）専門人材を養成する高等教育機関という学校像はいくぶん理念的でもあり、当時の世相とのずれもあった。日本と中国の国交回復が実現していない時期であったため、日中間の貿易業務は一部友好商社（大手商社によって設立されたいわゆるダミー商社を含む）に限られていて、中国語に対する社会的な需要も現在ほどは高くなかった。加えて日中関係の動きも文化大革命という中国国内の政治情勢の影響を受け、運動団体の分裂や善隣学生会館事件の発生など、より尖鋭化していく傾向にあった。このような中で東亜同文書院の後継を自称することは、日本の戦争責任を問う立場から非友好的なものだとレッテルを貼られることにもつながった。GHQ占領下と同様に、東亜同文書院というブランドはその実態は別として、相変わらず負のイメージをもって日中関係の中では見られていたのである。

本稿（以下同）では霞山会の視点から、1946（昭和21）年の東亜同文会解散後の霞山会、愛知大学、滬友会三者の立ち位置を再確認するとともに、東亜同文書院大学の「復活」という問題が関係当事者それぞれでどのように認識されていたのかを、霞山会設立の各種学校である東亜学院が誕生し、1975（昭和50）年に一旦閉校するまでの経緯を中心に考察する。

なお本稿は執筆者個人の見解であり、所属機関の立場や考えとは一切関係がない。

1 東亜同文会の解散と東亜同文書院大学の閉校

(1) 東亜同文会の解散

1945（昭和20）年8月に日本はポツダム宣言を受諾し、上海にあった東亜同文書院大学は9月に中国軍が進駐し事実上の閉校となり[1]、呉羽分校

---

1 本間喜一『東亜同文書院大学引揚事情報告の件』（昭和21年4月20日）「学校は中国教育部より接収され、9月20日仮引渡を行ひ爾後学校側と立会の上正式接収を行ひ1月31日接収財産目録に調印し正式接収を了せり。9月22日吾人も学校より最後の引上をなしたる夕刻重慶軍1千名が学校に入り駐屯せり」（カタカナを平仮名に改めた）。

第 6 章　東亜同文書院の「復活」問題と霞山会

では一時的に授業を再開したものの同年をもって閉鎖されている[2]。

　また同校の運営母体であった東京の東亜同文会も、津田静枝・東亜同文会理事長らの事態を静観するとの主張と、東亜同文会常務理事の一宮房治郎や宇治田直義による現理事の総辞職を行って新団体を創設すべきとの意見に分かれたが、近衛文麿会長の自決を受けて1946年3月に解散という結末を迎えた。そして1945年12月に本部であった霞山会館はGHQにより接収され、日華学会ビル（現在の東方学会ビル）に置かれた事務所で東亜同文会の清算事務が行われることとなる。このビルでは日華学会や同仁会などの清算業務ならびに東方学会の設立に向けた作業も行われていた。霞山倶楽部も初期には東方学会との関係が密接であり、後述する東亜学院設立の貢献者石田一郎は霞山倶楽部の主事と同学会の主事を兼任し、後には東方学会常任理事と霞山会理事を歴任している。

(2) 当初、滬友会は大学再建に関与せずの姿勢

　突然の廃校となってしまった東亜同文書院大学を今後どうするのかという問題については、1946年1月31日に開催された東亜同文会理事会での諒解事項として「「将来東亜同文書院出身者を中核として本会と同様性格の団体を結成し、これに残余財産を移譲して新時代に即応する活動を為さしむるようにしたい。従ってそれまでは学校等を開設せず、当分事態を静観する」ことを申し合わせた」[3]とされている。

　しかし東亜同文書院大学の最後の学長であった本間喜一は東亜同文書院大学教職員に向けた解嘱通知（1946年3月31日付）の中で、「本学の内地存続は政府の許可を得るに至らず、之［筆者注：東亜同文書院大学］に代る大学の新設を同文会の清算事務として行う方針は、乍遺憾同文会に於いて採用せざることに決定仕候間、御諒解被下度く願上候」[4]と述べており、許認可の問題を大学存続の障壁として挙げている。一方で、津田理事長の公職追放後は東亜同文会理事長代理を務めた一宮房治郎も、「京浜滬友会

2　『愛知大学五十年史　通史編』愛知大学、2000年、9頁。
3　『東亜同文書院大学史』滬友会、1955年、34頁。
4　前掲『愛知大学五十年史　通史編』11頁。原文は『愛知大学　十年の歩み』愛知大学十年史編纂委員会、1956年、12頁。

では後継大学の設立はやらないことに決めている」と本間に対して述べたという。これに本間が「廃校となれば学生を何とかしてやる責任がある。滬友会でやらなければ自分たち教職員で新大学を設立する」と応じたところ、「有志の方でやられるならどうぞやってもらいたい。異存のあるはずはない。我々も出来うればある程度の援助を与えることにやぶさかではない」と一宮は発言したとのことだった[5]。

　滬友会全体でどの程度、大学再開を自分たちでは行わないという点でコンセンサスがあったのか今となっては分からない部分もあるが、1946年5月初旬に本間が金子昇作・滬友会事務局長の自宅を訪ねて話し合いがもたれている。京浜滬友会の長老も参加したこの席で、滬友会には大学をやる力も意思もないという結論が確認された[6]。その後に本間は新大学設立に向けた作業に本格着手するため、東亜同文会の清算事務所が入居する同じ日華学会のビル内に大学の設立仮事務所を設置する。そして1946年11月、愛知大学の誕生へとつながる経緯については愛知大学の校史でも言及されており、またその他の文書や資料も公開されているので、ここでは繰り返さないこととする。

2　霞山倶楽部の設立と初期の事業内容

(1) 滬友会との絶縁、単独での活動

　前述したように東亜同文会は1946年3月、外務省に解散を認可される。その後は残余財産の清算処理に入り、後継団体に当たる霞山倶楽部と愛知大学に引き継がれた。滬友会の中にはこの処置に不満を抱く人たちもおり、宇治田直義は「不徳義な清算処理」[7]と称している。また滬友会は1947（昭和22）年9月の臨時大会で「殆ど全残余財産は霞山倶楽部及び愛知大学に寄附せらるることとなったのであります。そこで本会としては此の点に関し断乎東亜同文会に厳重抗議して反対すると共に、今後われわれは同会

5　同上。
6　同上、12頁。
7　前掲『東亜同文書院大學史』34頁。

第 6 章　東亜同文書院の「復活」問題と霞山会

と絶縁することによって結末を附ける外ないこととなりました」[8]と林出賢次郎・滬友会理事長が表明し、霞山倶楽部と愛知大学の両者と滬友会はしばらく関係断絶状態となる。

　1948（昭和23）年4月に設立された霞山倶楽部は当初、事業として「毎月一回の集会」と「年四回の会誌発行」を挙げるのみであった。そのうち機関誌については、『天地人』が季刊ベースで、1952（昭和27）年8月から1956（昭和31）年4月まで通巻18号が刊行された。刊行目的は発刊の辞によると、「国際社会における、新生日本の民間外交機関たるを自負」し「会員諸士の抱懐せるところを結晶せしめ、それが実現を期し、以て東亜及び世界に寄与する」という使命に立脚して、「会員間の理解、結合の楔子となるとともに、また広く江湖同志同行の士を勧説するの任を果たさむことを期」すというものである。この機関誌については単に会報としての役割にとどまらず、より広範な層に向けた啓蒙活動を行う媒体とすべく目論んでいたことが窺われる。創刊号の編集後記でも『天地人』の持つ使命として、「ただに会運営上の諸目的に添うことを以てその限界とするものではなく、必ずや号を重ね、よく世界平和、国際友好に培い、小綜合誌として独自の風格を誇りジャーナリズム界の新風たらん程の自負を持する」と述べられており、会誌という枠にとどまらないオピニオン雑誌としての将来展望を描いていたものと見られる。かつての東亜同文会ほどではないにしても、東アジアを意識した言論活動に着手したのである。ただその他の活動については殆ど行われておらず、霞山会館の接収解除のための当局との交渉に力が注がれていた。

(2) 霞山会館の接収解除と滬友会との関係修復
　進駐軍によって接収されていた東亜同文会本部＝霞山会館は、調達庁が1955（昭和30）年2月1日付で日米合同委員会の正式決定として返還することを発表した。そして霞山会館は1956年1月17日、正式に霞山倶楽部へ返還された。これに合わせて霞山倶楽部は「要綱」（1955年7月31日）を作成し、霞山会館の「アジア会館構想」を盛り込んで、「国際聯歓を目

8　同上、36-37頁。

的とする諸事業に関し、政府機関および関連する諸事業団体に対して施設を供与し、また内外会員の公余会合の倶楽部として利用され不断にアジアの人と人との交流の場として談笑の間相互理解の促進を図る」と謳った。また外務省からも「霞山会館運営に関する件」（1955年9月2日）という希望が寄せられた。その内容は、アジア諸国との相互親善会合のため映写設備をもったホールの設置、アジアに関連した図書資料閲覧室の設置、アジアからの来日者向け宿泊設備、外務省による財政援助は難しいので運営経費は自己責任で賄うことの四点である。ただ第11回理事会（1955年9月13日）では、外務省からは経常的な補助金交付は難しいが、会館施設利用の上で実質的な援助を行い得るとの諒解を得ていると説明されている。

なお滬友会との関係については、1955年6月17日に徳川家正・霞山倶楽部会長と清水董三・滬友会常務理事が交詢社で会談を行う。滬友会の代表として清水は徳川から次のような申し入れを聴取している。

・霞山倶楽部と滬友会との間に生じた経緯を水に流す
・霞山会館は霞山公の遺志を尊重して運営する
・今後は両者間で協力関係を樹立すべく希望
・両者の関係を円満ならしめるための斡旋を岡部長景・東亜同文会元理事長に委嘱

そして徳川は、「これまで同会当事者が機関誌等において本会を誹謗せる言動については、先方の一方的な責任に帰することであって、本問題に関する限り、本会の関知する処ではない」とし、清水による外務省の立場からの充分な協力を希望した。また清水から、東邦研究会（滬友会が東亜同文会の後継と自称して戦後設立）や日華文化協会などとの統合について意向を聞かれた徳川は、「主体的立場と実績を尊重する建前から現組織の解体、新団体への再編成、既存団体への合流、対等の立場における他団体の統合については、現在考慮しておらない」と述べている[9]。その後、滬友会に対しては霞山会館の二階の一室（5坪）を専用スペースとして提供することとなり[10]、また滬友会から選出された理事が霞山倶楽部の運営に参画していく。

---

9 「財団法人霞山倶楽部　第11回理事会議事録」（1955年9月13日）と附帯資料による。
10 「財団法人霞山倶楽部　第15回理事会議事録」（1956年6月19日）。

第6章　東亜同文書院の「復活」問題と霞山会

　なお霞山会に続いて、滬友会は愛知大学との関係も修復した。1957（昭和32）年7月28日に霞山会館にて小岩井浄・愛知大学学長と東亜同文書院出身の鈴木択郎・愛知大学教授、清水董三・滬友会会長と小竹文夫・滬友会理事長の4人が面会して、「従来とかく意思の疎通せぬところがあったようであるが、一切の行きがかりを棄てて今後大きな立場から、同じ目的に連結協力できる点は相連携することに諒解」している[11]。

(3)「中国」関係事業への着手と霞山会への改名

　さて、活動の拠点として霞山会館を取り戻した霞山倶楽部では新規事業への着手について議論されるようになった。第21回理事会（1958（昭和33）年2月7日）では、「中国問題を専門とする機関誌の創刊」という事業計画に触れている。また、「当初占領下にあったわが国において、その事業の対象に直接アジア特に中国を掲げることには可なり問題があって、明確化を避けた経緯もあったが、今日では事業の主な一部として中国問題を取上げてゆくことは一向に差支えなく、また本来の立前からいって当然のことだろう」として、明確に中国をターゲットとする活動方針が提案されたのである。愛知大学もそうであったが、占領下では直接中国と関係した活動を前面に掲げることはかつての団体との連続性を疑われるため、自粛する向きがあったのだろう。この理事会で滬友会から参画する内藤熊喜・理事は、「財団の伝統を生かし、一般倶楽部と別に東南アジア、中国を結ぶ仕事を行うべきである」と述べている[12]。

　中国を対象とした新規事業については、引き続き第22回理事会でも議論されている。議題は主に二つであり、一つ目が「中国事情の紹介と啓発に関する事業」で、これは具体的には中国問題を専門とする機関誌の発行、図書資料室の設置、短期と地方巡回並びに通信制の中国語講座開設の三点である。ここで初めて中国語講座が霞山会の事業として登場してくる。そ

11　『滬友』1957年9月、6頁。同誌には鈴木択郎による「従来とかくうまく行かなかった滬友会と愛大の関係が、清水会長並に理事長の懇情あふれる配慮によって、あるべき姿にかえるような運びになったことは誠に幸なことで、弊学では学長はじめ、皆感謝して居ります。今後益々の親しい関係を増進し、両者の発展に資したいものと存じます」という寄稿文も掲載されている。

12　「財団法人霞山倶楽部　第21回理事会議事録」（1958年2月7日）。

して二つ目が「対中国関係事業に携わる人材養成機関（学園経営）設置についての準備措置」で、東亜同文書院の復活について言及された。これについては、外務省と滬友会等の関係者と研究したとして次のように説明されている。

　　恒久的な日中関係の樹立を目的として、その基本をなす日本人の中国に対する認識と理解を深めるための諸事業を取上げ、究極の目標として対中国関係の人材養成機関の設立を事業の中心課題とする。その構想は一口にいって同文書院の復活ということである。その規模、内容その他については考究の余地があるが、取敢ずの措置として準備会を設けることとしたい。

　ただし、「当面着手し得べきもの」は前者の中国事情の紹介と啓発であり、後者の対中国関係事業に携わる人材養成機関については「長期計画」と捕足している。この時に理事の一人である坪上貞二[13]は「事業の対象を中国に限定せず、東南アジアをも広く含むべきではないか。人材養成の事業は将来に亘って大きな影響を持つ大切な仕事である。従ってその立場は中正であり、また適当な陣容を以て実施に当らねばならない。現在多数の中国関係の団体はあるが、これらの間にあって左右に偏せず、且つ独自のものとならねば存在の意味がないし、また外部からの賛助も得られないであろう」という意見を述べている。また東亜同文会最後の理事長でもあった理事の津田静枝は「構想を徒らに大きくせず、人材養成についても、事業に献身し得る人を求め、夜学とか私塾とか小さい規模から先づ着手すべきであると考える」と語った。この二人はかつて東亜同文書院の運営に直接関与した立場の人間であり、大学運営の問題を「外部からの賛助」「小さい規模から」と、資金的問題を念頭に置いたかのような指摘をしていることは留意すべきである。また直接的な言及はしていないが、戦前にアジア主義との関連で日本の対外進出という国策とも無縁ではなかった東亜同文会と東亜同文書院の性質とは異なる形の、アカデミックな人材養成が提案さ

---

[13] 戦前外交官で終戦時は駐タイ大使。外務省で対支文化事業部長を務め、団匪保証金による東亜同文書院に対する補助にも携わる。

れているのは注目に値する。立場の中正や左右に偏せずという言葉から政治的な動きからは距離を置き、また必ずしも過去への郷愁ではなく、戦後日本社会の実情に合った方向性の指向が坪上や津田の発言からは窺える。

さて、霞山会館が返還されて新規事業についての議論が進む中で、霞山倶楽部という団体の名称も改称されることになった。第24回理事会（1958年9月10日）で、団体名から「倶楽部」を取って「霞山会」と改めるべきという提案が議決される[14]。新名称に関する議論の中では、「東亜」「アジア」を冠する団体が戦後に多く出来ているためこれら名称は混同されやすいとされ、また霞山倶楽部設立から10年が経ち、一般にも通じるようになってきた「霞山」を残すべきだとされた。最終的に「霞山会」と「霞山会館」のいずれかに絞られた結果、「財団法人霞山会」という名称に改めることとなり、趣意書も改定することになったのである。趣意書改定にあたっては、「中国といえば当然新中国が主な対象となるが、現実の国際環境、日本の現在及び将来の立場、またわれわれの思想的立場等を勘案して、二つの中国幾れにも余り強い刺激を与えないよう考慮の結果」原案を作成したとしている。新たな趣意書で挙げられた会の事業は次の七点である。

・機関誌発行
・中国問題の研究調査と発表
・中国関係資料閲覧室の開設
・各種中国講座の開設
・留学生の受け入れ斡旋と留学生寮の設立
・アジア諸国民との親善交流
・その他これらに準ずる事業

また、「将来は中国各方面の事業に携わる有為の人材養成と日本に志を有する中国人子弟の研学に便するため専門学園（霞山学寮）の創立を期している」とした。改めて学校建設の目標が語られると同時に、中国人留学

---

14 「財団法人霞山倶楽部　第24回理事会議事録」（1958年9月10日）。なお、第12回理事会（1956年1月13日）の議事録には、「現在の名称「霞山倶楽部」が、会の性格、および全般的な事業活動を包括的に説明しかつ印象づけることに必ずしも適当でないとする意見が従来も行われてきたが、近い将来会の運営方針などの決定と併せ、適当な新会名に変更する必要があること、また新会名については今後の研究に俟つとの申合せが行われた」とある。

生の受け入れも提案されている。

　改定案に対し、「将来の事業対象が新中国であることには異存ないが、現在二つの中国が実在する現実、国際環境と日本の立場を十分考慮して…（中略）現実に立脚した立場に立つことが必要」という意見が出るなど、中国問題を取り巻く当時の複雑な国内情勢に配慮した議論もなされている。団体の名称変更(1958年11月29日登記)とともに寄附行為も改定され、事業目的として「中国関係事業に携わる日中人材の養成」「留学生の受入れ斡旋並に留学生学寮、図書館の設立」が盛り込まれた。

　そしてひとまず機関誌となる『東亜時論』創刊号は1958年12月23日に完成。月刊ベースで、1959（昭和34）年1月から1967（昭和42）年4月まで通巻100号が刊行された。ちなみに、この『東亜時論』という誌名は、東亜同文会の初代機関誌と同名である[15]。第26回理事会(1958年11月18日)議事録によると、「新に創刊される機関誌の誌名について「東亜時論」及び「東方時論」の両案が提出され論議の結果「東亜時論」に決定した」とある。東亜同文会との連続性が強く意識された結果と見られる。これは先に引用した第21回理事会（1958年2月7日）で触れられていた、占領下にあっては事業対象として中国を掲げることすら問題であったというような、敗戦国という立場の頸木から解き放たれ、霞山会が今一度東亜同文会とのつながりを考えるようになっていったことをも意味しよう。

(4) 霞山会館の改築工事に着手

　以上述べたように霞山会では霞山会館の返還後、滬友会とも連携して人材養成＝学校設立に向けた動きが少しずつ具体化しつつあった。しかし、結果としてそれから数年間の霞山会の事業は停滞を余儀なくされる。これは戦後復興が進む中で、貸会議室の同業者との競争もあって老朽化した霞山会館の修繕が急務となり、最終的には全面建て直しが決断され、事務局業務の大半が新ビル建築のために費やされるようになったためだ。旧霞山会館を取り壊しての新築工事であるため、霞山会の事務所も1960（昭和35）年11月に尚友会館へ移転し、ビル竣工の1964（昭和39）年までの活

15　1898年12月から1899年12月までに26冊が刊行された。

第 6 章　東亜同文書院の「復活」問題と霞山会

動はそれほど多くはなかった。なお滬友会の事務所も同じく尚友会館へ移転した。

　この時期、滬友会は1959年 5 月16日の理事会においてなされた清水董三理事長の提案に基づき[16]、母校再建研究委員会を立ち上げて独自に大学再建に向けての検討を始めている。同研究会は1959年10月21日に第 1 回総会を開催し、数回の会議の後に1961（昭和36）年 7 月17日の再建準備委員会で「東亜同文大学（仮称）設立主意書（草案）」と「東亜同文大学仮称学則（草案）」を採択する[17]。一連の経緯については機関誌『滬友』でも報告されており、大島隆雄の論考[18]に詳しく整理されている。また滬友会は1962年に東亜研修所を開設して中国関係の講演会と中国語講習を始めた。同研修所は霞山会館からも近い溜池の明産ビル内におかれ、9 月17日の開所式には外務省や東京商工会議所ほか、霞山会からも会長の徳川家正ら 3 名が来賓として参加している[19]。

3　霞山ビルの竣工と事業基盤の安定化

(1) 中国語講習会の共催と寄附行為変更

　霞山会館と霞山会事務局が入居する 9 階建ての霞山ビルは1964年 2 月に竣工する。だが、国有地買受金や建設に当たっての借入金などにより、霞山会としては事業の積極的な展開について躊躇せざるを得ない局面も生じていた。

　一方で霞山会は前述した滬友会設立の東亜研修所で行っていた中国語夜間講習会[20]を引き継ぎ、1964年 5 月より東京商工会議所と共催で中国語講

16　『滬友』1959年10月、21頁。
17　『滬友』1961年 9 月、46-48頁。
18　大島隆雄「東亜同文書院大学から愛知大学への発展——たんなる継承か、それとも質的発展か」（『愛知大学東亜同文書院大学記念センター　オープン・リサーチ・センター年報』2008年度版第 3 号、愛知大学、2009年）324-328頁。
19　『滬友』1962年12月、35-37頁。
20　『東亜同文書院大学史　創立八十周年記念誌』社団法人滬友会、1982年、706頁。滬友会では1959年に母校再建研究委員会を設置し、東亜の親善に寄与する人材の育成を目的として、1962年 9 月に霞山会と東京商工会議所後援の下に東亜研修所を開設。外務省の助成金を得て「研修科目として実用会話、通信文はもとより、東亜各国の事情風俗をも併せて講述」す

143

習会を新たな事業として霞山ビルで実施している。これは外務省の斡旋によるものであり[21]、東亜研修所は同6月30日をもって解散した[22]。講習会は実務者のための基礎中国語をテーマとし[23]、1965（昭和40）年度には語学のみならず一般教養講座も設けられ、中国経済貿易講座が行われている。

中国語講習会の開設という新たな動きの一方で、霞山ビル完成後に寄附行為（1964年4月）が変更され、「留学生の受入れ斡旋並に留学生学寮、図書館の設立」という項目が外された。この時期の霞山会の基本的な考え方としては、借金した金で文化事業を行っていくのは無理があり、借金の返済が完了するまでは余り大きな事業を計画すべきではなく、ビル経営の収支の目途がつくまでは新規事業への着手を見合わせた方が良いが、将来行う事業についての研究は継続していく、というものである。これは具体的には、前述した外務省の委託による中国語講習会や『日本展望』（華字の海外向け日本宣伝誌）発行は予算の許す範囲で引受け、事務局はビル経営に専心する。そして収支に対して明確な見通しを得てから、それに見合った仕事を計画していくのが妥当であるとするものだ[24]。ビルの完成により事業を拡大する土台はできたものの、とりあえずは団体としての財務健全化を優先するという方向性である。

また中国語講習会の開始に合わせて新たな動きがあった。霞山会の提唱により、倉石中国語講習会（日中学院）、善隣書院、アジア・アフリカ語学院、斯文会との間で中国語教育事業懇話会という会合がこの時期に複数回もたれている。ここでは中国語教育事業の発展、中国語教育事業を通じ

る講座を開いていた。
21 「財団法人霞山会　第9期第27回常任理事会議事録」（1964年3月13日）によると、外務省中国課より霞山会が既に行っている事業または行おうとしている事業に類似した他団体の事業は霞山会中心にまとめたいと考えているとして、外務省編で東亜文化社名義により発行の『日本展望』と東亜研修所と華文協会が実施の中国語講座を霞山会に移譲または合体させようとしているという話が伝えられた。ただ本件をめぐる話し合いでは最終的に引き受けることを決定しつつも、「財団法人霞山会　第9期第28回常任理事会議事録」（1964年3月24日）では滬友より選出の立脇耕一・理事と、もう一人伊藤与三郎・理事が積極的に推す一方で、他の理事たちは予算の不透明性などを理由に慎重意見が多かったことが窺える。坪上理事は「予算面で外務省が考えてくれることが条件として必要」と述べている。
22 『滬友』1964年9月、79-80頁。
23 「財団法人霞山会　第67回理事会議事録」（1965年6月28日）。
24 「近衛副会長説明要旨（各常任理事に対する）」（1964年4月1日）。

第6章　東亜同文書院の「復活」問題と霞山会

ての日中交流、検定制度の設置などを目的に話し合いがなされた。ただし、「今後これと霞山会との関係などについて新しい問題が出てくるが、取敢えずは世話団体として経過をみていきたい」[25]という一文が予見するように、ここで話し合われた中国語検定協会の設立をめぐり、霞山会と他団体との関係が後に大きな紛争の種となっていく。この問題については第4節で詳述する。

(2) 東亜学院の開設に向けて

1964年の寄附行為改正で、霞山会の事業目的から留学生寮構想については外されたものの、「中国関係事業に携わる日中人材の養成」は残されていた。これを具体化する動きとして出てきたのが、中国語専修学校の設立である。ただし学校設立に当たっては6億5千万〜6千万円の赤字が見込まれるという試算が出たため、第70回理事会（1966（昭和41）年7月15日）では議事から除外した非公式討議となる。このような中で、第9期第32回常任理事会（1966年7月26日）で行われた内部議論では、理事の坪上から「愛大の経営に参画するところまで行けばよいが、そこまでいかなくても指導精神を霞山会の人材養成に統一するようになればよい」という発言があり、これに対して事務局次長の石田一郎が「愛大では鈴木択郎教授が中心となり東亜同文書院以来の継続事業であった辞典の編纂を完成し、最近刊行される。また開校以来、同大学では書院卒業生の証明を行っている。このように東亜同文書院の仕事を具体的に一部では引継いでおり、全く書院と無関係というわけでなく、将来更に本会とも協力関係を作ることも必要と思う」と応じている[26]。

この常任理事会の前には、同年より滬友会会長も兼務する石川悌次郎・常任理事が中国語講習会は切り上げるべき時期であり専修学校として実現したい、については団体名も東亜同文会と名乗りたく思っており、そうすれば滬友会からの会員入会も期待できる、と述べている。また石川は専修学校について「愛知大学や貿易大学と何か提携連絡の方法があると思う」と

---

25 「財団法人霞山会　第68回理事会議事録」（1965年9月29日）。
26 「財団法人霞山会　第9期第32回常任理事会における霞山会の運営および事業についての討議」（1966年7月26日）。

提案した[27]。そして、1966年8月12日には愛知大学から本間喜一・元学長を招聘し、「愛知大学設立の経緯と現況について」と題した事情聴取を常任理事会の後に行ってもいる。学校設立の動きに合わせ、愛知大学との連携を模索する動きが出てきたのである。

この時期に作成された「中国語専修学校（各種学校）設立準備要項」（1966年5月10日）では、「東亜同文書院の伝統と経験を本専修学校の経営ならびに実際的な教育活動の上に生かす。このため、滬友会との物心両面にわたる協力関係を具体化する」と、滬友会との協力についても明記している。

その後も協議は進められ、第9期第34回常任理事会（1966年9月7日）にて、「学校計画は他の現行事業経営と区分して計画実施に移す」として学校設立に向けゴーサインが出て、1–2年後に学校法人昇格を目指すとされた。学校名の候補として「霞山学院」「同文学院」「東亜同文学院」などの案も挙がっていたが[28]、最終的に東亜学院と決定した。

4　東亜学院設立と内外の政治情勢の波及

(1) 各種学校としてスタート

東亜学院は1967年2月13日付で東京都千代田区長より設置認可書を受け、同年4月の開校が正式に決まる。教室は霞山ビルの中に置かれ、初年度は60名の入学者があった。開学案内パンフレットの伝統と特色という項目には次のように記された。

　　東亜を含むアジアの諸民族は大東亜戦争を契機として、漸くにして崛起独立の緒をひらき、現にその完成を目指してそれぞれの苦難の歩みをつづけております。その澎湃たる民族意識の高まりは、まさに現代アジアの歴史を象徴するものといえましょう。われわれ日本国民がこれ等民族と連帯協力してアジアの独立と安定と繁栄との確保のために努力精進することこそは、霞山公の理念、東亜同文書院の悲願を結

---

[27] 「石川常任理事の意見（原文通り）」（1966年7月21日）。ここで言う貿易大学とは、通産省が1969年に富士宮に設立した貿易研修センターのこと。この問題は第5節で詳述する。
[28] 「財団法人霞山会　第9期第40回常任理事会議事録」（1966年11月24日）。

実させることになるのであります。

　また、滬友会関係者に向けた東亜学院案内パンフレット郵送の際には「滬友会としては年来悲願として来ました母校再建のささやかなる萌芽として物心両面より出来るだけの協力を致さなければならぬところと存じて居ります」と記された石川による滬友会会長名義の文書が同封された。

　当初は一年制で中国科、経理科、貿易科を設置したが、中国科と貿易科に学生が集中したため、1967年10月の学則改正で中国学部（文科・商科）のみとし、また二年制となった[29]。開設二年目には滬友会会長の石川名義で近衛通隆・霞山会会長宛に、霞山会はその名称を東亜同文会と改めること、また東亜学院を適当な時期に東亜同文学院（又は東亜同文書院）と改名し、短大ないし四年制大学への昇格のための努力を行い、滬友会はそのための協力として奨学金の提供や、校舎建設費2千万円の寄贈を行うなどとした意見書が寄せられている[30]。

（2）運営をめぐる内部の不協和音

　ただし開学後も東亜学院の運営をめぐっては、霞山会内部でも意見の隔たりが解消されていなかった。簡潔に言うと、本来は事務局の傘下にあるはずの東亜学院が独立した行動を取っているという不信感と同時に、中国に対するイデオロギー的評価をめぐっての見解の相違が反映されたのである。とりわけ後者については、「東亜学院の趣旨と特色（案）」（＝建学の精神）作成に当たって、内部での意見がまとまらず制定できないという事態に陥った。第10期第19回常任理事会（1968（昭和43）年12月27日）では、当初案（東亜学院長代理の石田提案）に対して、石川理事が「文章全体のニュアンスとして、中検に反対した人達の云いそうなことで毛沢東、現中共をたたえている時世におもねっているような処があり、こんな処か

29　「財団法人霞山会　第76回理事会議事録」（1967年9月28日）。
30　「霞山会と滬友会との関係緊密化に関する希望意見」（1968年5月10日）。本意見に対しては、会や学院の名称変更は将来の宿題とし、他は適宜協議するとの回答案を第10期第13回常任理事会（1968年9月13日）で決定。

ら霞山会の行方が制約される恐れがある」と反対を表明[31]する。その後、会長案をはじめ複数の理事による案文が何度か審議されたが、結局意見の一致を見ることができなかった。ここではその複数案のうち、対立の特徴がよく表れた石川と田尻愛義（東亜学院長、元大東亜省次官）の両理事による「建学の精神」案を参考資料として併掲する[32]。

石川悌次郎案（1968年12月27日）※霞山会常任理事、滬友会会長

　東亜学院は、明治30年代の初め「東亜民族の独立保全と協力」の理念を主唱して東亜同文会及び東亜同文書院を創建した公爵近衛篤麿の精神を現代に生かし、アジア興隆のため寄与できる人材の養成を目的として、東亜同文会の後身たる霞山会によって創設されたものであります。

　大東亜戦争を契機としてアジアの諸民族は崛起して独立の緒をひらきました。その澎湃たる民族意識の高まりは、新アジアの黎明を象徴するものといえましょう。

　然し、その苦難の歩みは今もなお続き、その成否と興亡とは大きく世界平和に影響すること論なきところであります。

　東亜学院は、これ等諸民族の繁栄への営みに聊かなりとも貢献しうる有為の青年を育成することを以て建学の精神とするものであります。

田尻愛義（1968年12月26日）※霞山会理事、東亜学院院長

　いまやアジアの各民族、とくに中国および東南アジアのナショナリズムは新らしい世界史の課題になり、またアジアの安定と福祉とはただちに世界の平和とつながる時代である。アジアがその独立を完成し、平和と繁栄を確保するためには、アジア各民族が自力更生と連帯協助に精進することが肝要である。われわれ日本民族はこのアジアの一員である。

31　「財団法人霞山会　第10期第16回常任理事会議事録」（1968年11月26日）。
32　「財団法人霞山会　第10期第19回常任理事会議事録」（1968年12月27日）。

> 東亜学院はこの思想の下に有為な実践的な青年を育成することを建学の精神とするものである。

　先に引用した、開学案内パンフレットの伝統と特色も同様の論旨であったが、石川のこの文面はいかにも古色蒼然としている。またその趣旨は日本が主導して諸民族を植民地支配から解き放ったとする考えを否定しない、典型的なアジア主義のそれである。石川自身は反共的立場を露わにした態度を取っていたことから、第二次安保闘争で揺れる当時の日本社会に対して思うところがあり、ことさらに自身の考えを強く出そうとしたのかもしれない。だがすでに独立国となったアジア諸国との関係性においては、田尻が言う「アジア各民族が自力更生と連帯協助に精進することが肝要」という表現の方が正鵠を得たものではなかったか。

　東亜学院の「建学の精神」をめぐる問題で意見の一致を見なかったことに対して、霞山会が本質においてアジア主義に積極的な否定をしなかったという解釈をすることもできるかもしれない。一方で石川の顔を立て、そして恐らくは滬友会の一部の雰囲気を尊重しつつも、いずれの意見も採用しないという結論に至った事実から、団体としての公的な立場は否定側に与していたのではないかと見ることもできよう。

(3) 中国語検定試験に対する反対派の妨害

　1964年の中国語講習会の開始後に霞山会が提唱して、日中学院などとの間で持たれていた中国語教育事業懇話会が中心となり、1965年10月に日本中国語検定協会設立準備会が結成された。同会は1967年7月26日に財団法人設立発起人会（会長、岡崎嘉平太）を開催し設立準備を進める。

　文部省は当初、検定の審査基準を作成してその実施機関として本協会を指定し、合わせて財団法人として認可する方針を明らかにしていた。しかしこの「審査基準」作成には時間を要するため、ひとまず同年9月15日に日本中国語検定協会を任意団体として発足させ、霞山会と毎日新聞の後援を受ける形で第1回中国語弁論大会を北九州大学（現、北九州市立大学）で開催している。

けれども文部省は同年10月9日付の告示237号をもって新方針を発表し、検定試験は民間において任意に行われ、文部省はそれら団体で申請があったものに対して、実績評価の上で三年に限りこれを認定するという形に改定された。これにより検定試験と法人設立の要件は別個のものとなったため、同協会は11月18日に第1回理事会を開催して、法人設立手続きのため財団基金200万円の追加寄付協力を霞山会に求めることを申し合わせた。同時に翌年7月の第1回検定試験を東京と大阪で実施することを決めた[33]。

　しかしこの中国語検定協会をめぐり、一部の中国専門家や団体から反発が現れるようになった。まず『中国研究月報』（1968年3月、第241号附録）が、「中国語教育のあり方を考える上で、きわめて警戒すべき一連の動きが、この一年来集中的にあらわれてきました。一例をあげましょう。中国侵略の落とし子であるかつての東亜同文書院（上海）の復活をめざす『東亜学院』の創立。今年度に予定される「中国語検定制度」創設のもくろみ（後略）」と東亜学院と中国語検定に対し名指しで批判を行う。

　また中国研究所の浅川謙次は、『東風新聞』（1968年5月13日付）に「旧態依然のものはもう通用しない　中国語教育者の反省をうながす」という文書を寄稿し、「昔の日本帝国主義の中国侵略のカードル養成機関であった東亜同文書院の復活を目ざす"東亜学院"の創設だとか、またこの東亜学院を中心とした"中国語検定試験"の復活だとか、さいきんの中国語の学習熱の高揚に乗じて、一連のはなはだしい反動化の傾向をもつよく感じる」とし、「語学教育における政治優先の原則を確立しなければならないと思う」と述べている。この寄稿文は香港の中国系紙『大公報』（1968年5月18日付）にも転載された。

　さらに露骨な霞山会批判も登場する。日中友好協会（正統）の機関誌『日本と中国』（1968年5月20日付）では、「「東亜学院」は昨年、財団法人「霞山会」によって東京霞ヶ関に設立され、現在全日制の中国語学校となっているもの。財団法人「霞山会」というのは、昭和23年設立、現在外務省

---

[33] 「財団法人霞山会　第10期第3回常任理事会議事録」（1967年12月14日）付属資料「日本中国語検定協会経過報告」（1967年10月14日）、「日本中国語検定協会　第1回理事会議事録」（1967年11月18日）より。

第6章　東亜同文書院の「復活」問題と霞山会

所管となっており、「霞山」とは東亜同文書院を創立した近衛篤麿の雅号で、これをとって名ずけられた、いわば東亜同文書院の後継団体のようなもの。会の役員には、元"満洲で活躍"した財界人、元大使など、いずれも日本帝国主義の手先として中国人民をいためつけた人びとが名を連ねている。（中略）もし中国語検定制度が霞山会ら政府権力と結びついた機構によって続けられるならば、中国語教育の国家統制は強まり多くの中国語講習会、学校などがおのずとそのために「大同団結」させられることになろう」などと、恰も霞山会が政府権力と結託しているかのような印象操作報道を行った。

　政治優先の原則などは、中国で始まった文化大革命の影響を大きく受けたものであり、こうした運動側の人々の批判は実状を必ずしも正確に捉えているわけではない。一方で、中国語検定協会の常務理事として、内部からこの作業に参画していた藤堂明保・東京大学教授は、中国語検定を批判するシンポジウムに対する私信「闘争委員会への手紙」に次のような所感を残している。

　　霞山会については、当初私どもも、何となく疑問を抱き、なんども理事にあって、その意向を確かめました。田尻理事が「日中正常化に役立つため、そして過去のイメージを一新するために、ぜひとも協力したい」と言われる言葉を信用したわけです。しかし皆さんから出された疑惑は、たしかにかみしめるべきであり、かりに今の田尻理事が、同文書院の旧人たちから排斥されてやめるような場合には、またもや暗い過去の姿勢が復活することもありうるわけです。一つの団体の荷ってきた過去は、そう簡単に払拭されるともかぎりません。この点は私は警戒心を欠いていたという批判を受けても当然だと思います。

ただし藤堂は中国語教育の思想性の問題については、「語学の本質としては中立性を保ちたい」として、今の日本政府には反対だが、もし中国を友とする人士が当路に立った場合は自分としても協力するかもしれない、

自分の政治感覚はこの程度のものに過ぎないと語ってもいる[34]。

結局、1968年7月7日に予定していた第1回中国語検定試験は、東京と北九州では反対派の実力行使による混乱を避けるため直前に中止が決まった。大阪では香坂順一・大阪市立大学教授を中心に独自の判断で決行しようとするも、反対派の暴力によって中止に追い込まれる。全体の受験予定者は1,248名であった[35]。7月7日付の東亜学院「教務日誌」には次のように記されている。「7月7日、日曜。午前7時に東洋商業高等学校に出張（石田、梅田［筆者注：梅田は東亜学院事務長。以下一般職員3名の名前が記載されている］）。校門で反対者約100人の集会あり。中研浅川謙次、早大新島淳良、国貿促の中田慶雄の各氏が反対演説を行った。東亜学院打倒の声あり」。

なお本事件以降に東亜学院は、「日本国際貿易促進協会が主となり、東亜学院卒業生を日中貿易友好商社に採用しない旨の申合せが業者間になされ、今日に至るもこの申合せが撤廃されたと云えず本学院卒業生の就職には支障をきたしています」[36]という状況に陥った。当時中国語人材の就職先は限られていたため、東亜学院の学生たちは非常に厳しい環境に置かれることとなったのである。

(4) 東亜学院の学生募集停止

日本国内における学園紛争が激化していた時期でもあるが、とりわけ東亜学院は中国の文化大革命を支持する左派勢力から標的とされ、前述の中国語検定試験で見られたような形で攻撃を受ける可能性が懸念された。また経営問題もあって、霞山会は第81回理事会（1969（昭和44）年3月7日）にて東亜学院の1969年度学生募集の見送りを決定する。この際に資料として提示された東亜学院の収支をめぐる問題では、1966年12月の設立決

---

34 『藤堂明保 中国へかける橋Ⅱ』藤堂明保先生文集編集委員会、1987年、38-39頁。原文は、『アジア経済旬報』（723号）掲載とある。

35 「財団法人霞山会 第10期第13回常任理事会議事録」（1968年9月14日）。ただしこの反対派による実力阻止を懸念という部分については、反対派の側の記録では「右翼暴力団の手を使ってまで強行されるかに見えたが」（前掲『藤堂明保 中国へかける橋Ⅱ』41頁）とあり、真逆の主張になっている。

36 「霞山会会員に対する報告会原稿」（1972年5月22日）。

第6章　東亜同文書院の「復活」問題と霞山会

定時の予算では開設費用の2,213万円とは別に年間588万円の支出超過予想であった。ところが予想をはるかに超えて、1967年度は1,633万円の支出超過、1968年度は3,028万円の支出超過を見込んでいるとされている。当時、新ビルを建設した際の負債償還と、ビル設備更新資金として毎年積み立てるべき金額が2,500万円以上と見積もられていたので、これを超える支出超過に陥っていたことになる。

　学生募集中止についての千代田区長への届け出に対しては、設置からわずか二年で募集を停止するというのは元の計画が杜撰だったとみなされ、また教育基本法と関連法令の精神にもとるものでもあり、学校への妨害は学校内部で解決を図る余地があるのではないかという意見が付き、再考を要望される[37]。また、東亜学院校務会議からも意見が出て霞山会事務局は事業企画委員会（4月19日、30日）を設けてこの問題を再検討するが、生徒募集は停止、経費の節約、学校問題研究会の設置、東亜学院長代理である石田への同職勇退勧告などが決まる[38]。

(5) 東亜学院に押し寄せた政治の風

　1969年度の新入生受入は停止されたが、東亜学院には前年入学の二年制の学生たちが残って授業が行われていた。1969年9月24日、前年度で退学処分になっていた元東亜学院学生5名が期末試験会場に乱入。講師を外に追い出して、黒板に「霞山会打倒、東亜学院粉砕決起集会」と大書して宣伝ビラを配布した。そして「反動霞山会・東亜学院の教育内容が中国敵視教育であると批判し、その教育成果の発表である試験をボイコットしようと呼びかけた」のである[39]。これに対して一部同調者も出て、翌日の試験ボイコットと自主講座の開講が決議される。

　東亜学院では予定通り翌25日午前に試験を実施するが、ガードマン2名と警察官1名に警備を依頼しての決行だった。だが反対派学生は強行突入を図って、ガードマンや職員との小競り合いが発生する。混乱の中で、機動隊1個小隊が教室のある霞山ビル周辺で待機する事態となった。この

37　「財団法人霞山会　第10期第24回常任理事会議事録」（1969年4月8日）。
38　「財団法人霞山会　第82回理事会議事録」（1969年6月26日）。
39　「第4回事業企画委員会」（1969年10月1日）「東亜学院の試験妨害事件の概要と経過」より。

時、反対派学生は座り込みと立ち演説程度で引き揚げたが、彼らは翌26日に霞山会を批判するビラを地下鉄虎ノ門駅で配布する。混乱は数日間にわたり続き、状況を危惧した霞山ビルの共同所有者である住友不動産からは瀬山誠五郎社長名で「現在の如き状況では、安保改定問題を来年に控えてこの種の紛争が更に激化する傾向にあるため、今後更に霞山ビルに入居中の各テナントに多大の迷惑を及ぼすこととなり、このまま放置することは、同ビルの経営に著しく悪影響を及ぼすものと懸念する次第であります」という申し入れが10月1日付で行われている。東亜学院の教室が置かれた霞山ビルは、他の民間企業も複数入居するオフィスビルである。霞山会はビルオーナーであり、顧客であるテナント各社に被害が及ぶことはあってはならないことであった。この事件の後、東亜学院創設の功労者であり、実際の運営にあたって学院長代理として尽力してきた事務局長の石田一郎は霞山会を去ることとなる。

(6) 東亜学院学生からの質問状

　東亜学院教室に学園紛争の影響が及び始めたこの時期に、学生からの質問状（1969年9月10日）が事務局に寄せられている。質問は次の10項目からなっており、残された資料は当時の事務局による手書きの物だが、原文ママで以下に紹介する。

1．東亜学院建学の精神は何か。
2．霞山会の前身は東亜同文会なのか否か。（又は、霞山会は東亜同文会の伝統を継ぐのか否か）
3．東亜同文書院と東亜学院との関係はどうか。（東亜同文書院の伝統を継ぐのか否か）
4．東亜学院が東亜同文書院の伝統を継ぐものであるとした場合、東亜同文書院をどの様に評価するか。また、東亜学院はその伝統をうけついで、今後、どの様に進むのか。
5．滬友会と東亜学院との関係はどのようなものか。
6．二つの中国（台湾と大陸）をどのように考えるか。（東亜学院は

そのいづれの中国と交流できる人材を養成するのか）
7．教育内容は技能教育（語学、経理、貿易実務、現地事情など）を行うのか。または中国、アジアに関する理論的知識（政治、経済、哲学、歴史等）を教授するのか、いづれか。
8．東亜学院卒業生のイメージとしてはどの様な社会的存在を考えるか。
9．東亜学院学生の政治活動（学内、外での）をどこまで許可するか。
10．東亜学院はどのような発展計画をもっているか。

　これに加えて、なぜ学費を値上げするのかと来年度以降の学院長と講師がどうなるのかが質問事項となっている。
　質問状に対する霞山会会長の近衛通隆名義の回答（1969年11月11日）は、東亜同文会と霞山会との関係、東亜同文会と日中戦争、日中戦争と霞山会、東亜保全の精神についての四点となっている。回答では、「東亜同文会は日中戦争に際しては善意大多数の国民と共に政府を信頼し国策に協力して来たことを否定しない。然し会員の中には中国人を愛し理解し中国社会に溶け込んで両民族親善のために挺身した人々も少なくなかった」こと、「戦争は日中両国の心ある人々の憂慮をよそに、拡大された実に不幸な出来事であったと考える。依って霞山会は、この戦争で生じた両民族間の溝を埋めて、より良き日中関係を恢復確立して行くことに最善を尽す念願である」と簡潔に日中戦争に対する霞山会の姿勢が述べられている。中国との関係をめぐって、戦前の東亜同文会をどう評価するのかという問いかけを曖昧にしておくことは、霞山会にとって最早避けられない状況にあったのである。

5　貿易大学との連携構想とその挫折

(1) 滬友会が主導する形で
　1969年度の学生募集を停止し、また元学生による造反運動が起きるなどの混乱が続く中、東亜学院の運営をめぐり霞山会内部では事業企画委員

会を設けて議論を行っていた。その中で急浮上してくるのが通産省設立の貿易大学（富士宮、正式名称は貿易研修センター）との連携構想である。本稿でも石川・霞山会常任理事による「貿易大学との連携」という1966年の発言を引用したが、この提案は同時期に滬友会の方でも「通産省が貿易大学を創るため、41年度にその準備費の予算も計上しており42年度から開校の運びとなる。そこで此の際、同文書院の教育精神を同大学に盛り込んで行くように11期の成田努さんにも動いていただいて居る」[40]というようなことがあり、滬友会が率先して動いていたことが窺われる。こうした動きが1969年に発生した東亜学院での造反運動による混乱で教室移転ということが課題となる中で、連動して浮かび上がってきたのである。

貿易大学との連携協議は渋沢正一・霞山会理事によって話が進められ、貿易大学理事長の堀江薫雄との会談において、東亜学院に貿易大学別科としてこれを委託するという線で基本的に了解するに至る[41]。これに伴って、1970（昭和45）年度から東亜学院長も田尻愛義から渋沢に交代となった。

(2) 1972（昭和47）年の開校を目指すも断念

貿易大学のある富士宮への東亜学院移転が既定方針となる中で作成された「東亜学院建設計画実施予定表」（1970年5月15日）によると、以下のようなスケジュールが示されていた。

1970年	4月	富士宮移転計画書作成、学院建設世話人代表決定（候補者として滬友会から20人が挙がっている）
	6月	霞山会と貿易研修センターの連携について通産省の了解をとる
	7月	学院建設世話人として滬友会より300人程度承諾をとる、都道府県商工会議所に学生派遣依頼

---

40 『滬友』1966年6月、25頁。ここに登場する東亜同文書院第11期生の成田努は1966年7月から新東京国際空港公団の初代総裁に就任し、1967年から霞山会の理事にも就任している。
41 「第8回事業企画委員会」（1969年12月11日）。なお、理事の渋沢は貿易大学創立を手掛けた一人であったということもあり、関係者との調整は比較的スムーズだったと思われる。また当時の日本貿易振興会理事長の原吉平は東亜同文書院のOBで、霞山会の理事でもあった。

第6章　東亜同文書院の「復活」問題と霞山会

```
     10月　後援会を創立し会員募集、通産省などに助成金申請
1971年1月　校舎建設準備、建設協力金の受領開始
     2月　建設用地の整地
     3月　通産省などの助成金の決定
     4月　建築開始、学生募集準備開始、カリキュラム作成、講師
          の委嘱
     10月　備品発注、学生募集開始、学院移転準備
     12月　建築完成
1972年1月　移転
     4月　開校式、入学式
```

　本校は男女共学（当初は男性のみ）の全寮制とし、二年制で一学年は80名とされた。「東亜学院発展計画案」に掲げられた目的では「本学院は、東亜同文書院大学の良き伝統をうけ継ぎ、国際人としての人格を陶冶し、経済・貿易に関する実際的な教課を修得することにより、アジア諸国の平和と繁栄のために貢献せんとする有為の人材を養成する」と謳った。そして1971（昭和46）年3月、貿易大学に隣接する土地8,833坪を購入する。1971年度の会務の方針では「本会の最大の課題は東亜学院の富士宮移転である。本件推進のため学校法人準備財団（仮称）を設ける」[42]とされた。だが本構想は1972年度の会務の方針では「東亜学院の富士宮移転については将来の研究課題とし、ここ当分の間現在の学院の充実発展に努力を傾注する」[43]と一転し、その後は土地の売却が議論されるようになる。

　また富士宮移転のイニシアティブをとった学院長の渋沢は、1972年3月をもって東亜学院長と霞山会理事を退任している。

　この間の経緯については正規の会議記録を閲覧しても十分な説明がないため、実際にどのような事情があったのか不明な部分も多い。残っていた数少ない記録の中に「蔵居さんと面談」（1971年1月22日）という手書き

---

[42] 「財団法人霞山会　第86回理事会議事録」（1971年5月10日）。
[43] 「財団法人霞山会　第90回理事会議事録」（1972年3月30日）。

のメモがある[44]。公開を前提にしたものではない非公式の記録ではあるが、既に記録者も含めて全員が鬼籍に入っているので歴史的資料として紹介する。そこには「滬友会石川会長（滬友誌の発言）の独走。→蔵居氏批判的。副会長、常任理事などの了解をとっていない」とあり、「1月20日常任理事会を開いて蔵居氏根回し。（蔵居氏代表権なし）発言。石川氏の選んだ募金委員、完全な理解に達していない。上からもって来てもダメで、相互の根回しが必要」といった記述がある。また、学校を開設する場所が富士宮ということや全寮制方式に対して、蔵居は疑問だとしている。

　石川会長の独走とされる発言は何か。時期と内容から判断して、これは1970年12月発行の『滬友』（第29号）に掲載された「（巻頭言）大きな曲り角が来た」のことを指すのではないかと思われる。この文章の中で石川は霞山会東亜学院による「長い悲願であった母校再建の旗をそこに翻えす道」と「時代も国情も国際関係も一変した今日、昔の東亜同文書院の風格を持つ学校が俄かに再建出来るとは思われない。書院は幻の名門校として記憶の中に生きれば良いのではないか」という二つの意見を対比して、「そのいずれの道を選ぶのが良いかこれは実に大きな命題で、会長だの副会長だの、理事だの監事だのの協議だけで左右を決すべき事柄ではない。この決定は当然滬友会全員の評決に俟つべきものと信ずる」として「滬友会は好むと好まざるとによらず、この曲り角をどちらの道へ曲るか、という命題の下に全会員各位に投票をお願いすることになると思う。もちろん会の創立以来未曾有の事である」と、大学再建に向け全同窓生の意思統一を図ろうと呼びかけている。また募金については次のように述べ、東亜学院移転計画に必要な3億円の調達は霞山会、滬友会、一般財界とで三分の一ずつが予定されているとして「滬友会は母校再建の宿願成就のために1億円を醵金するかどうか、決するとしてもそれが出来るかどうか、という切実な問題に直面することとなった。建設本部と私の懇談では、――これだけの巨額を滬友2,500人の個人の財布から出して貰うのは生易しいことではない。これは滬友会員が経営を握っている大企業から大蔵省認可の免税措置の下に法人として300万500万1,000万とまとまった寄附をいただき、そ

---

[44] 蔵居さんとは東亜同文書院第28期生で朝日新聞記者だった蔵居良造のこと。後に霞山会理事、東亜学院長を歴任。

第6章　東亜同文書院の「復活」問題と霞山会

れを計6-7,000万に持って行く。次に滬友会本部管理の内藤基金1,500万円を加え、残る約2,000万を有志会員の御奮発に期待するこの筋以外は一寸考えられまい。との意見が一致した。近衛会長の希望により私は滬友会々員中有力社の大幹部20人を推薦し、近衛、渋沢両氏は一々それ等の人々を歴訪して、この度の募金運動の発起人又は世話人代表として御参加いただくよう懇請された。殆ど全部快諾されたとの報告が私の許に参っている」と資金調達の具体的算段を披露した[45]。

　蔵居の言う募金の方法をめぐって理解が得られていないというのは、石川がここで説明しているやり方を指しているのだろう。滬友会の活動として行うのに、石川が霞山会側とのみ協議して同窓生から勝手に募金委員を選出して、供出金ノルマを一方的に提示したことなどが、反発を買う理由となったのかもしれない[46]。

　結局、この募金活動がうまくいかなかったことが東亜学院の富士宮移転計画が頓挫する決定的な要因となったようである。ただ、貿易大学の別科として設立を目指していた通産省との協議などの詳細は不明である。あてにしていた政府による助成などが期待通りにいかなかったことなども想像できるが、まとまった形での記録が残っていないため、残念ながら推測の域を出ない。いずれにせよ滬友会の目論んだ大学再建の悲願は成就せぬま

45　なおこの文書の中で石川は「東亜学院の富士宮市移設の問題はどのようにして発芽したか。実は、それは滬友会が種を蒔いたようなものである」として、5年前に滬友会有志連署の貿易大学別科に関する意見書を通産大臣宛に提出したことに触れつつ、堀江薫雄・貿易大学理事長と懇談して「貴意に副うよう工夫しますから滬友会も是非協力願いたい」と言われたことを紹介。そして「貿易大学の財界募金の蔭の力であった人に渋沢正一がある。昭和43年に元通産省通商局長であった渡辺弥栄次氏と共に霞山会の理事に招かれた。この人は小林中氏の女房役としてアジア経済研究所の事務局長であった。渋沢栄一伯の孫で、戦前の日鉄副社長渋沢正雄氏の長男、経団連の植村会長はその岳父に当る。この人の情報として――貿易大学は現在富士宮市の郊外に20万坪の敷地を擁して正科の教育をスタートしたが、国会に約束した別科開設の件は、正科の方の仕事輻輳のため殆んど緒についていない。そこで東亜学院のような血統の良い学校がもしも貿大と緊密な連携の下に別科の教育事業を担当する用意あることを表明したならば、理事長も他の要人も歓迎するらしい」という内幕を明らかにしている。この石川の解釈が果たして本当に事実その通りなのかは検証すべきではあるが、東亜学院と滬友会の大学再建運動、そして貿易大学構想がつながりを持ち、また一連の動きが些か性急に進められた背景について推察するための貴重な証言である。

46　石川が滬友会で孤立し会長を退任したことや、第4節で触れた田尻との見解の相違については、蔵居良造「田中香苗氏と霞山会」(『回顧　田中香苗』田中香苗回顧録刊行会、1987年) 346-348頁でも多少言及されている。

ま、事実上潰えたのである。

おわりに

　これまで述べたように、滬友会が目指した東亜同文書院大学再建の夢は、1962年に中国語講習会という形で実現に向けた一歩を踏み出したものの資金難に行き当たり、霞山会が1964年にこれを引き受ける形で、1967年の東亜学院開校へとつながる。だが折悪く、日本社会は学生運動の一番激しい時期であり、また日中関係団体も文化大革命の影響を受ける形で組織が内部分裂し、相互に非難合戦をするなど先鋭化していた。そうした中で東亜同文会の活動が侵略行為だったと主張する人たちは、東亜同文書院の復活や霞山会の存在自体を否定的に捉えており、ついには本来政治とは何の関係もない中国語検定試験にまで反対してこれを中止させてしまう。

　東亜学院は1969年度の学生募集を中止し、1970年度は募集を再開するが生徒は激減した。その後、富士宮に学校用地を取得するといった動きもあったが、ついに大学昇格は果たせないまま1975年に各種学校としての短い歴史に幕を閉じる。背景には、理想像としてかつての東亜同文書院大学の形にとらわれ過ぎてしまったあまりに、身の丈に合わない形で規模が拡大して、経営面で問題を抱えたまま構想だけが一方的に膨らんでしまうという運営上の課題があった。

　滬友会が目指し、霞山会が引き継ぐことになった、東亜同文書院の「復活」問題とは何であったのか。この問題に対してこれまで述べてきた流れから、霞山会は滬友会の熱意を受けたその協力者であるという構図で捉えることも可能かもしれない。だが、1964年8月7日に行われた関係者による内部座談会[47]で霞山会事務局長の井崎喜代太は「ここですから率直に申し上げておるのですが、滬友会から母校再建のために経費をつくるのだ、協力しろといわれたときに、いや、書院は夢ですよといえないわけですよ。だから、はあ、はあ……といってるんですけれども」と述べている。そしてこれより数年前に滬友会幹部から母校再建を霞山会の名前でやって欲し

---

[47]　「会誌編纂史料"座談会"　岡部長景、坪上貞二、大倉邦彦、近衛通隆、井崎喜代太、石田一郎」（1964年8月7日、霞山会館）。

いと依頼があったが、その時はビル改築後という理由で断ることができたとも言っているのだ。

またこの座談会では、滬友会の母校再建研究委員会で委員長を務めた大倉邦彦が、滬友会としてではなく一個人としてですがと断った上で、非常に率直な発言をしている。

まず、中国語講習会を開催していた滬友会の東亜研修所については、「昔、同文書院ができる前に、南京の貿易研究所があった、そういうものが種子になって大きく伸びてきたということを、夢のように頭に描いておるから、ああいうことをやった。あまり小さいことを最初、種子まきだといってやっても、ダメですよ」とばっさり切り捨てている。そして卒業生も50代（当時、20-30期代）の優秀な人たちが滬友会に寄りつかず、「古い人ばかり」であることを指摘。「魂あるいは教育の方法は同文書院でいいんですが、しかし、構想は変えなけりゃね、世の中がもう変わっちゃってるんだから」と説いている。

つまり、書院の「復活」を期待されて霞山会と滬友会で動いていた当事者たちまでもが、大学再建の実現性を強く疑問視しているのである。霞山会と滬友会どちらも大学再建という目標に向け一枚岩というわけではなかったのだ。最終的に通産省まで巻き込みつつ肥大化した大学再建構想が実現に至らず破綻したのは、資金の大半を外部からの募金に頼るという見通しの甘さや、経営的安定性といった採算面での議論を煮詰めないまま土地を先に購入し、富士宮に大学を造るということにこだわり過ぎて前のめりになってしまったという判断ミスに起因する面が大きいように思う。一方で時あたかも東亜学院の富士宮移転が議論される最中、ニクソン米大統領の中国訪問予定が電撃的に発表（1971年7月）されている。そして翌1972年9月には日中国交回復が実現するという中国をめぐる世界的な大きな変化の流れにあって、旧来の形そのままでの東亜同文書院の「復活」が期待されるような雰囲気はすでに日本社会にはなかったというのも紛うことなき現実だったのだろう。

『滬友』誌ならびに、滬友会の母校再建研究委員会の委員長であった大倉邦彦氏が所蔵していた関係資料の閲覧に当たって、大倉精神文化研究所の平井誠二研究員にお世話になった。記して感謝を表したい。

あとがき

　「序説」にも記したように、本書は、2012年度から2016年度にかけて愛知大学東亜同文書院大学記念センターで、文部科学省私立大学戦略的研究基盤形成支援事業として、主テーマ「東亜同文書院を軸とした近代日中関係史の新たな構築」を掲げて行われた共同研究の中の「近代日中関係の再検討」グループの研究成果である。

　本グループはこのテーマに関して何回か国際シンポジウムやワークショップを行ってきた。以下それを記す（なお所属先は当時のものであり、所属先の愛知大学東亜同文書院大学記念センターは、記念センターと略称する）。

◆「近代台湾の経済社会の変遷──日本とのかかわりをめぐって」
　（国際シンポジウム）
　　愛知大学東亜同文書院大学記念センター・中央研究院台湾史研究所共催
　　（2012年8月4日、5日　愛知大学名古屋校舎）
　　セクション1　東亜同文会・東亜同文書院と近代日本・台湾
　　　馬場毅（記念センター長、愛知大学現代中国学部教授）
　　「東京同文書院について」
　　　コメンテーター：鐘淑敏（中央研究院台湾史研究所副研究員兼副所長）
　　　武井義和（記念センター研究員、愛知大学非常勤講師）
　　「東亜同文書院で学んだ台湾人学生について」
　　　コメンテーター：許雪姫（中央研究院台湾史研究所研究員）
　　　佃隆一郎（記念センター研究員、豊橋技術科学大学非常勤講師）

「台北帝国大学から愛知大学へ」
　　コメンテーター：黄美娥（国立台湾大学台湾文学研究所教授）
（報告は、馬場毅・許雪姫・謝国興・黄英哲編『近代台湾の経済社会の変遷——日本とのかかわりをめぐって』東方書店、2013年、所収）

◆「東亜同文会・東亜同文書院と日中関係史の再検討」（国際シンポジウム）
　愛知大学東亜同文書院大学記念センター主催
　（2013年12月15日　愛知大学名古屋校舎）
　武井義和（記念センター研究員）
　「日清貿易研究所について——学生たちの入学前の状況、卒業後の進路を中心に」
　馬場毅（記念センター長、愛知大学現代中国学部教授）
　「東亜同文会のアジア主義について」
　栗田尚弥（國學院大学講師）
　「日本と『興亜』の間——近衛篤麿と東亜同文会の『支那保全』をめぐって」
　李長莉（中国社会科学院近代史研究所研究員）
　「従並肩革命到携手実業——何天炯与山田純三郎跨越中日的革命交誼」
　許雪姫（中央研究院台湾史研究所研究員）
　「東亜同文書院中的台籍学生与林如堉、呉逸民両人戦後的白色恐怖経験」
　（報告は、『同文書院記念報』VOL.22別冊②、2013年12月、所収）

◆「東亜同文会・東亜同文書院と日中関係の再検討」（ワークショップ）
　愛知大学東亜同文書院大学記念センター主催
　（2015年1月17日　愛知大学車道校舎）
　趣旨説明：馬場毅（愛知大学名誉教授）
　野口武（記念センターポストドクター、愛知大学非常勤講師）
　「『日清貿易研究所』研究の成果と課題——東亜同文書院前史としての位置付けと荒尾精の評価について」
　武井義和（記念センター研究員、愛知大学非常勤講師）
　「東亜同文書院中華学生部と日本——学生たちの日本見学旅行を中心に」
　堀田幸裕（一般財団法人霞山会文化事業部研究員）
　「東亜同文書院から霞山会へ」
　コメンテーター：大里浩秋（神奈川大学教授）
　　　　　　　　　馬場毅（愛知大学名誉教授）

(野口報告は『同文書院記念報』VOL.23、2015年3月、所収)

◆「近代日中関係史の中のアジア主義——東亜同文書院と東亜同文会」
（国際シンポジウム）
愛知大学東亜同文書院大学記念センター主催
（愛知大学豊橋校舎、2015年12月6日）
趣旨説明：馬場毅（愛知大学名誉教授）
野口武（記念センターポストドクター、愛知大学非常勤講師）
「明治中期の貿易活動における日清貿易研究所の位置」
武井義和（記念センター研究員、愛知大学非常勤講師）
「山田純三郎の孫文支援について——財政的支援活動と人間関係を中心に」
李長莉（中国社会科学院近代史研究所研究員）
「宮崎滔天与孫中山広州非常政府対日外交——以何天烱致宮崎滔天信函為中心」
馬場毅（愛知大学名誉教授）
「大アジア主義から『脱亜入米』へ」
堀田幸裕（一般財団法人霞山会文化事業部課長補佐、研究員）
「東亜同文書院の『復活』問題と霞山会」
（報告は堀田報告を除いて『同文書院記念報』VOL.24別冊①、2015年12月、所収。なお堀田報告、李長莉報告の日本語訳は『同文書院記念報』VOL.24、2016年3月、所収）

◆「近代中国社会と日中関係」（国際シンポジウム）
愛知大学東亜同文書院大学記念センター・国際問題研究所・中国社会科学院近代史研究所共催
（2016年9月9日、10日　愛知大学名古屋校舎）
第1セクション　東亜同文書院と日中関係
高木秀和（記念センター研究員、愛知大学非常勤講師）
「近代中国における海産物供給構造の変容：昆布・鱶を中心に」
野口武（記念センターポストドクター、愛知大学非常勤講師）
「初期東亜同文書院と史料的記憶」
石田卓生（記念センター研究員、愛知大学非常勤講師）
「戦前日本の中国語教育の変遷：東亜同文書院を事例として」
佃隆一郎（記念センター研究員、豊橋技術科学大学非常勤講師）

「愛知大学創立時の『東亜同文書院』」
（報告は、『同文書院記念報』VOL. 25別冊①、2016年9月、所収）

　以上のように本グループは、毎年、国際シンポジウム、ワークショップ、あるいは国際シンポジウムでの分科会をやってきた。その際に、報告者、コメンテーターなどとしてご参加いただいた内外の研究者の方に感謝したい。
　また本書の編集にあたっては、株式会社あるむの皆様に大変御世話になった。その他国際シンポジウム、ワークショップを行うに際し、広報、報告者との連絡、当日の運営など愛知大学豊橋研究課の田辺勝巳課長、東亜同文書院大学記念センターの森健一職員に大変御世話になった。これらの方々にも感謝したい。

　2017年2月

　　　　　　　　　　　　　　　　　　　　　　　　　　馬場　毅

索　引

あ

アジア主義　5-9, 11, 12, 15, 53, 54, 79, 99, 111, 140, 149
荒尾精　5, 20, 28

い

石川悌次郎　145, 147-149, 156, 158, 159
石田一郎　135, 145, 147, 152-154

う

宇都宮太郎　9, 54, 62-65, 77

え

袁世凱　47, 62-65, 68, 69, 74, 78

お

小川平吉　36, 65, 67-69, 73, 78

か

戒厳令　14, 124, 126
霞山会　14-16, 133, 134, 139, 141-145, 147-161
何天炯　10, 11, 82-88, 90-98, 102, 104
萱野長知　10, 87, 88, 90, 96, 99

き

菊池良一　99, 102, 103
岸一太　108, 110
義和団事件（北清事変）　8-10, 30-33, 35, 37-39, 42-44, 51, 54, 55, 78, 79

く

軍政府　10, 11, 64, 74, 75, 77, 81, 83-85, 87, 88, 90, 101

こ

呉逸民　13, 14, 114, 117-120, 125, 127-132
興亜　7, 8, 17-20, 26, 27, 38, 41, 43, 44, 46-52
黄興　82, 83
康有為　7, 25, 26, 29, 41
国民同盟会　8, 37-41
後藤新平　12, 104, 106, 110
近衛篤麿　5, 7, 8, 19, 22-31, 33-42, 44-46, 48, 54, 55, 57-59, 76, 148, 151
護法運動　83
滬友会　15, 114, 117, 133-140, 142, 143, 145-149, 154-156, 158-161
滬友同窓会 ⇒ 滬友会を参照

167

さ

桜井兵五郎　11, 102-104

し

支那保全　6-9, 19, 21, 29, 32-39, 41, 43-45, 54, 59, 61, 62, 65, 66, 76-79

蔣介石　14, 99, 124, 129-131

辛亥革命　8-11, 54, 60, 77, 79, 81, 84, 97, 99, 102

そ

孫文　7-12, 29, 31, 46, 57-60, 62, 64-66, 74, 76, 81-100, 102, 104-111

た

（台湾省）保安司令部　14, 125-130

田尻愛義　148, 156

ち

中華革命党　83

中国語検定試験反対運動　149, 150, 152, 160

中日組合　11, 102

中日組合規約　102

張之洞　30, 34, 35, 37, 39-41, 56-58, 60, 76, 77

陳儀　124

陳炯明　10, 83, 84, 96, 103-106

つ

津下紋太郎　108

と

東亜学院　15, 16, 133-135, 145-150, 152-161

東亜同文会　5-12, 14, 15, 19, 27-38, 41-47, 49, 50-52, 54, 55, 57-61, 63-66, 68, 69, 74-79, 133-138, 140, 142, 145, 147, 148, 154, 155, 160

東亜同文書院　5-8, 11-13, 15, 16, 27, 29, 32-34, 46, 49, 50, 59, 60, 63, 77, 113, 114, 120, 133-135, 139, 140, 145-148, 150, 151, 154, 158, 160, 161

東亜同文書院大学　14-16, 113, 133-135, 157, 160

東京同文書院　7, 29

同人種同盟　7, 19, 22-28

同文書院　⇒　東亜同文書院を参照

同文書院大学　⇒　東亜同文書院大学を参照

な

中村是公　106, 110

南京同文書院　7, 8, 11, 27, 29-31, 37, 57, 59, 76

に

21カ条（要求）　8, 9, 46-49, 67-70, 72-75, 78, 79, 89, 91, 93

日清戦争　5, 7, 18-24, 27, 32

二二八事件　13, 121, 124

日本石油株式会社　108, 109

索　引

ね
根津一　8, 9, 11, 34, 45, 47–49, 54–58, 61, 62–63, 65, 67–69, 77, 78

は
白色テロ　13, 14, 114–116, 125, 131, 132

ひ
非常政府　10, 81, 106
非常大総統　10, 11, 91, 92

ほ
貿易大学　16, 133, 145, 156, 157, 159

み
宮崎滔天　5, 9–11, 29, 31, 57, 81–98, 104

や
山田純三郎　11, 12, 99–111
山田良政　10, 11, 57, 58, 99

り
劉坤一　30, 32, 34, 35, 39, 40, 42, 56, 57, 59, 76, 77
廖仲愷　90, 101, 104, 107, 111
林如堉　13, 14, 114, 117, 118, 125, 126, 131, 132

れ
連華興亜　11, 82, 97

執筆者・翻訳者紹介

《編者》

馬場　毅（ばば　たけし）

愛知大学名誉教授、愛知大学東亜同文書院大学記念センター客員研究員。
専門：中国近代史、日中関係史。
主要業績
著書『近代中国華北民衆と紅槍会』汲古書院、2001年。
共編著『近代台湾の経済社会の変遷――日本とのかかわりをめぐって』東方書店、2013年。
編著『多角的視点から見た日中戦争――政治・経済・軍事・文化・民族の相克』集広舎、2015年。

《執筆者》

栗田尚弥（くりた　ひさや）

沖縄東アジア研究センター主任研究員、國學院大學文学部講師。
専門：日本政治外交史、日本政治思想史。
主要業績
著書『上海東亜同文書院』新人物往来社、1993年。
共編著『東亜同文会史　昭和編』、霞山会、2003年。
論文「引き裂かれたたアイデンティティ――東亜同文書院の精神的考察」（小林英夫、ピーター・ドウス編『帝国という幻想』青木書店、1998年）。

李長莉（り　ちゃんり）

中国社会科学院近代史研究所研究員。
専門：中国近代社会史。
主要業績
著書『近代中国社会文化変遷録』第1巻、浙江人民出版社、1998年。
　　　『晩清上海社会的変遷――生活与倫理的近代化』天津人民出版社、2002年。
　　　『中国人的生活方式：従伝統到近代』四川人民出版社、2008年。

171

武井義和（たけい よしかず）
愛知大学東亜同文書院大学記念センター研究員、愛知大学非常勤講師、東京福祉大学非常勤講師。
専門：近代日中関係史、近代日朝関係史。
主要業績
著書『孫文を支えた日本人　山田良政・純三郎兄弟』あるむ、2011年、2014年増補改訂版）。
論文「孫文支援者・山田純三郎の孫文死後の意識とその背景について──1930～40年代の日中関係観をめぐって」（王秉倫・劉碧蓉・羅美鎮編『紀念孫中山華人文化与当代社会発展』台湾・国立国父紀念館、2014年6月）。
　　「東亜同文書院で学んだ台湾人学生について」（馬場毅・許雪姫・謝国興・黄英哲編『近代台湾の経済社会の変遷──日本とのかかわりをめぐって』東方書店、2013年）

許雪姫（しゅ しゅえじ）
中央研究院台湾史研究所研究員。
専門：清代台湾制度史、台湾家族史、台湾人海外活動。
主要業績
著書『楼台重起（上編）：林本源家族与庭園歴史』新北市文化局、2011年2刷。
共編著『近代台湾の経済社会の変遷──日本とのかかわりをめぐって』東方書店、2013年。
論文「在『満洲国』的台湾人高等官：以大同学院的畢業生為例」（『台湾史研究』第19巻第3期、中央研究院台湾史研究所、2012年）。

堀田幸裕（ほった ゆきひろ）
霞山会研究員、愛知大学国際問題研究所客員研究員。
専門：中朝関係。
主要業績
論文「中朝経済関係の現状について」（『2012年の北朝鮮』日本国際問題研究所、2013年）。
　　「中国の対北朝鮮援助　中朝石油パイプラインを中心に」（『現代韓国朝鮮研究』第13号、現代韓国朝鮮学会、2013年）。
　　「第三次核実験後の中朝経済関係の実情」（『インテリジェンスレポート』2015年6月、インテリジェンス・クリエイト）。

《翻訳者》

佃　隆一郎（つくだ　りゅういちろう）
豊橋技術科学大学非常勤講師、愛知県史編さん室特別執筆委員。
専門：日本・中国近現代軍事史。
主要業績
論文　「東海軍都論」（河西英通編『地域のなかの軍隊 3 中部 列島中央の軍事拠点』吉川弘文館、2014年。
　　　「『中国新軍閥混戦』と日本陸軍」（『軍事史学』143・144合併号、2001年）。
翻訳　趙建民「中国勃興後の東アジアへの外交行為」（馬場毅、謝政諭編『民主と両岸関係についての東アジアの視点』東方書店、2014年）。

朝田紀子（あさだ　のりこ）
中部大学第一高等学校非常勤講師。
専門：中国近現代史。
主要業績
翻訳　鈔暁鴻「環境と水利――清代中期北京西山の炭鉱と区域水循環」（愛知大学現代中国学会編『中国21』Vol. 37、東方書店、2012年）。
　　　曾文亮「戦後初期台湾人群分類の調整及び法律効果――一九四五～一九四九」（馬場毅・許雪姫・謝国興・黄英哲編『近代台湾の経済社会の変遷――日本とのかかわりをめぐって』東方書店、2013年）。
　　　楊釣池「『アジア太平洋主義』から『東アジア主義』へ――日本の『東アジア論』の分析」（馬場毅・謝政諭編『民主と両岸関係についての東アジアの観点』東方書店、2014年）。

愛知大学東亜同文書院大学記念センター叢書

近代日中関係史の中のアジア主義
―― 東亜同文会・東亜同文書院を中心に

2017年3月15日　第1刷発行

編　者　馬場　毅
発　行　株式会社あるむ
　　　　〒460-0012　名古屋市中区千代田3-1-12
　　　　TEL (052)332-0861　FAX (052)332-0862
　　　　http://www.arm-p.co.jp　E-mail: arm@a.email.ne.jp
　　　　印刷／興和印刷　　製本／渋谷文泉閣

ISBN 978-4-86333-122-8　C3022